www.tredition.de

AF199903

Katharina Pavlustyk

Sei dir selbst ein guter Freund

14 Wege zu Selbstliebe und Glück

www.tredition.de

© 2017 Katharina Pavlustyk

Cover/Umschlag: Ryan Munir/99designs

Verlag: tredition GmbH, Halenreie 42, 22359 Hamburg

ISBN
Paperback   978-3-7439-6634-5
e-Book   978-3-7439-6635-2

Druck in Deutschland und anderen Ländern

Inhaltsverzeichnis

Vorwort

Ich stehe vor dem Spiegel und sehe einen Menschen, den ich nicht besonders mag. Diese Frau ist durchschnittlich groß, sie hat eine durchschnittliche Figur und Haare, deren Farbe man gemeinhin als straßenköterblond bezeichnet. Das bin ich. Und zu mir, mit all meinen Unzulänglichkeiten, soll ich nun sagen, dass ich mich liebe?

Ich wäre gern schlanker und sportlicher. Ich hätte gern dichteres und längeres Haar und eine schönere Haut. Mein Bauch ist mir nicht flach genug und mein Hintern war auch mal straffer. Hätte ich magische Zauberkräfte, würde ich mir ein vollkommen anderes Aussehen verpassen. Und wenn ich schon mal dabei wäre, noch ein paar andere tolle Attribute: Ich wäre dann erfolgreicher und beruflich ein ganzes Stück weiter, als ich es jetzt bin.

Seit mehr als 30 Jahren kenne ich mich nun, aber die meiste Zeit davon mochte ich mich nicht besonders.

Sich selbst annehmen, bedingungslos und mit allen Makeln, ist so einfach und doch so schwer. Mit keinem anderen Menschen verbringen wir so viel Zeit wie mit uns selbst. Dennoch sind viele unzufrieden mit der Person, die ihnen jeden Tag im Spiegel entgegenblickt.

„Wie sehe ich schon wieder aus?"

„Mann, bin ich blöd.“

„Wie konnte ich das nur tun?“

Sprichst auch du manchmal so mit dir? Dann bin ich sehr froh, dass du dich für dieses Buch entschieden hast, denn es will dir zeigen, wie du es schaffst, dich zu akzeptieren und dir künftig ein guter Freund zu sein.

Warum Selbstliebe wichtig ist

Selbstliebe betrifft alle deine Lebensbereiche, weil sie mit dir zu tun hat. Wenn du das Gefühl hast, dass dir immer wieder Negatives widerfährt, wenn du ständig in Konflikte gerätst und den Eindruck hast, dass dir nichts gelingt, bist du in der Vergangenheit mit sehr hoher Wahrscheinlichkeit nicht gut mit dir selbst umgegangen.

Wenn du dich selbst nicht annimmst – mit all deinem Potenzial und deinen Marotten –, versteckst du dich vor der Welt oder hinter einer Fassade. Das macht dich auf Dauer unglücklich und dieses Unglück zieht sich durch all deine Beziehungen. Wenn du dich selbst nicht lieben kannst, kannst du auch andere nicht voll und ganz lieben; du fürchtest dich vor echter Nähe oder kompensierst fehlende Selbstliebe, indem du in Beziehungen zu sehr klammerst. Wenn du es nicht aushalten kannst, ohne Ablenkung mit dir selbst allein zu sein, wirst du keine innige Beziehung mit einem anderen Menschen führen können, ohne dass sie dich belastet. Wenn du dich für eigentlich gar nicht so wertvoll hältst, wirst du versuchen, Wertschätzung und Aufmerksamkeit von anderen zu bekommen. Von deinem Partner, deinen Eltern, deinem Chef.

Fehlende Selbstliebe zeigt sich auf so vielfältige Weise, doch meist sind wir uns dessen überhaupt nicht bewusst. Wir verurteilen andere, obwohl (oder gerade weil) sie uns sehr ähnlich sind. Wir knüpfen unsere Liebe an Bedingungen, die andere erfüllen sollen. Wir opfern uns auf und ärgern uns, wenn wir keinen Dank dafür erhalten.

Warum ich dieses Buch geschrieben habe

Selbstliebe ist die Basis für ein glückliches und erfülltes Leben. Doch leider können sich die meisten Menschen nicht annehmen, wie sie sind. Wir meckern an uns selbst herum, schätzen unsere Leistungen nicht, halten unsere Fähigkeiten und Talente für nichts Besonderes. Wir sind unsere größten Kritiker. Und mit „wir" meine ich auch mich.

Als ich angefangen habe, dieses Buch zu schreiben, war ich voller Groll auf Menschen, die mich früher einmal verletzt hatten. Ich habe andere Menschen kritisiert und verurteilt. Ich mochte mein Aussehen nicht und fand mich selbst nicht genug.

Sollte das für immer so bleiben? Nein!

Also habe ich mit Menschen gesprochen, die mir ihre ganz persönlichen Geschichten auf dem Weg zur Selbstliebe erzählt haben. Geschichten, die zeigen sollen, wie es uns gelingt, eine stabile Beziehung mit uns selbst aufzubauen. Geschichten, aus denen wir lernen dürfen, weil das Leben so viel schöner ist, wenn man mit sich selbst im Reinen ist.

Was dich in diesem Buch erwartet

Dieses Buch ist ein Ratgeber – und dann doch wieder nicht. Hier findest du 14 Geschichten von Menschen, von denen die meisten früher nicht gut mit sich umgegangen sind. Sie haben sich abgelenkt, nach Anerkennung von außen gestrebt, sie lebten unbewusst. Nach Einschnitten in ihren Biografien fanden die Männer und Frauen wieder zu sich selbst und lernten, sich selbst zu mögen.

Jede Geschichte trägt ein anderes Thema in sich, einen anderen Aspekt der Selbstliebe. Diese Aspekte finden sich wieder in den Tipps und Übungen nach den einzelnen Geschichten.

Im ersten Kapitel erfährst du, was Freiheit mit Selbstliebe zu tun hat. Im zweiten Kapitel geht es dann um Vergebung. Ein weiterer Aspekt der Selbstliebe ist die Gesundheit, wie du aus der Geschichte von Johanna Bonhage erfahren wirst, die einen extremen Wandel hinter sich hat. Weiterhin lernst du, wieso du auf deine Bedürfnisse achten solltest, wenn du mit dir selbst zufrieden sein willst. Was etwa Eifersucht in Beziehungen mit Selbstliebe zu tun hat, zeigt das fünfte Kapitel. Über das Zu-sich-selbst-Stehen berichtet Ulrike Hirsch. Dankbarkeit, Lernen, Sexualität, Bestimmung, Gleichgewicht, Hilfsbereitschaft, Beharrlichkeit und Wahrheit – das sind weitere Facetten der Selbstliebe, über die ich mit meinen Interviewpartnern gesprochen habe.

Doch bevor du denkst, dass das alles viel zu viel ist, was du berücksichtigen sollst, möchte ich dir sagen: Du sollst gar nichts. Du kannst dich mit Hilfe der Geschichten anderer Menschen selbst besser kennenlernen.

Du kannst dich, wenn du magst, einem Aspekt widmen, der dir am ehesten zusagt, und schauen, wohin dich deine Reise bringt.

Veränderung geschieht in den meisten Fällen nicht über Nacht. Sie ist ein Prozess, der Wochen, manchmal Monate, dauern kann. Also sei bitte gelassen mit dir selbst, lass dir selbst genug Zeit, um zu wachsen, wenn du es möchtest.

Ich wünsche dir, dass du mit dir selbst zufrieden bist. Dass du dich selbst schätzen lernst, dass du erkennst, was für ein wunderbarer Mensch du bist.

Alles Liebe,
Katharina

Selbstliebe und Freiheit

Freiheit bedeutet für jeden wohl etwas anderes: Der eine will die halbe Welt bereisen und empfindet dies als absolute Freiheit. Dem anderen reicht es, seine freie Zeit so gestalten zu können, wie er es will. Allgemein lässt sich sagen, dass frei ist, wer aus eigenem Willen Entscheidungen trifft. Und da kommt auch Selbstliebe ins Spiel, denn sobald du ein fremdbestimmtes Leben führst, handelst du gegen deine eigenen Wünsche und Bedürfnisse.

Wir treffen oft Entscheidungen, weil sie in den Augen anderer Menschen vernünftig sind. Weil wir sie aufgrund unserer Erziehung oder Prägung selbst für die vernünftigste Variante halten. Weil wir keine andere Option in Erwägung ziehen.

Wer etwa eine Arbeit nur des Geldes wegen annimmt – und nicht weil er sie zumindest ganz in Ordnung findet, macht sich abhängig vom Geld. Viele Menschen kompensieren die fehlende Freiheit mit Dingen: mit Kleidung, Schuhen, Elektrogeräten, Autos. Sie sind gebunden an Jobs, in denen sie unzufrieden sind, die aber nötig sind, um ihren Lebensstandard halten zu können.

Warum tust du, was du tust?

Die Frage nach dem Warum ist entscheidend, wenn es um die persönliche Freiheit geht. Sie ist der Antrieb, die Motivation. Sobald du anfängst, dich zu fragen, warum du gewisse Dinge tust, lernst du dich selbst besser kennen und fängst an, Meinungen und Einstellungen zu hinterfragen.

Warum übst du deine Arbeit aus?

Warum bist du mit deinem Partner zusammen?

Warum verbringst du deine Abende lieber auf dem Sofa als im Fitnessstudio?

Erst wenn du dich nach dir und deinen Wünschen richtest, lebst du selbstbestimmt. Du übernimmst Verantwortung für dein Handeln, deine gesamte Welt. Du lebst nicht angepasst an Vorstellungen anderer, sondern bist du selbst.

Freiheit ist die Überwindung von Angst. Erst wenn du dich selbst liebst, bist du in deiner vollen Kraft und findest Frieden in dir selbst. Dann triffst du Entscheidungen nicht mehr aus Sorgen heraus, sondern aus einer stabilen mentalen Haltung. Um wirklich frei zu sein, ist es daher wichtig, sich selbst, seine Werte und Wünsche, aber auch seine Ängste zu kennen und immer wieder bei sich selbst anzukommen.

Holger Andreas Elsner

Holger ist Betriebswissenschaftler und Investmentbanker. Er hatte alles – Geld, ein schönes Haus, Anerkennung im Beruf, Frau und Kind. Und doch nagte eine Angst an ihm, die ihn im Laufe der Jahre an eine Grenze brachte, an der er fast alles verlor. Seine Geschichte zeigt, dass es zur Selbstliebe gehört, sich selbst (wieder) zu finden, um frei zu sein.

Als Kind war Holger unglaublich neugierig, offen, kontaktfreudig. „Ich wollte die Welt kennenlernen, bin mutig auf andere zugegangen, hatte wenig Angst. Ich wollte alles erfassen, verstehen und gestalten", sagt er. Als Junge wollte Holger Pilot werden. Das Fliegen – als Passagier und so, wie er es sich im Cockpit vorstellte – vermittelte ihm ein Gefühl von Freiheit. Kein Wunder, dass er sich gern in Flughäfen aufhielt.

Später war sein Wunsch, als Lehrer zu arbeiten – oder als Arzt. „Ich wollte Chirurg werden und Herzen oder Gehirne operieren", sagt Holger. Heute weiß er, dass in diesem Berufswunsch ein tieferer Sinn steckt: „Letztlich habe ich einen anderen beruflichen Weg gewählt, aber der innere Wettstreit zwischen Herz und Hirn hat mich mein Leben lang begleitet – oft unbewusst." Wie bei vielen anderen steuerte auch Holgers Kopf in die eine Richtung, während sein Herz allmählich leer und traurig wurde, bis sich die Situation in einer Krise zuspitzte.

Entscheidung aus Angst

Das lag vor allem an seiner Entscheidung, Betriebswirtschaft zu studieren. Diese traf er mit dem Kopf. „Bei mir ging es ums Geldverdienen. Ich habe nach Sicherheit gestrebt und wollte meine wirtschaftlichen Existenzängste verdrängen, nicht in Armut oder Halbarmut leben", sagt Holger. Seine Verwandten mütterlicher- und väterlicherseits hatten eigene Höfe, Wohlstand und Ansehen. Zum Ende des Zweiten Weltkriegs verloren sie jedoch all ihr Hab und Gut. Sie wurden aus ihrer Heimat vertrieben und fanden sich in erbärmlichen Verhältnissen wieder. „Ich wurde dadurch geprägt, obwohl ich selbst kein Flüchtling bin", sagt Holger. Seine Eltern kamen als Kriegsflüchtlinge ins ländliche Baden-Württemberg. „Sie waren wie Aussatz, sie störten, nahmen Wohnraum ein. Sie hatten ihr Heim verloren, besaßen nichts und wurden auch noch schlecht behandelt."

Im Leben gibt es keine Zufälle

Holgers Vater machte in den Nachkriegsjahren Karriere in der Wirtschaft. Er baute für seine Familie ein schönes Leben auf, verlor jedoch wieder alles, als Holger 16 oder 17 Jahre alt war. „Ich habe die Ängste und Sorgen meiner Eltern erlebt, sie mit ihnen geteilt. Deswegen wollte ich nach dem Abi etwas studieren, das mich nie in so eine Situation bringen würde."

Im BWL-Studium musste sich Holger kaum anstrengen, lernte unterdurchschnittlich wenig. Dass ihm das Studium leichtfiel, betrachtet er nicht als Zufall; im Leben gebe es ohnehin keine Zufälle. „Es war zwangsläufig die Wahl, die ich treffen musste. Der Schöpfer kann alles sehen und kennt meine Wahl. Er setzt uns Menschen und Situationen aus, damit wir lernen. Deshalb war es kein Zufall, dass mir das Studium so leichtfiel. Mein Erfolg in diesem Feld führte dazu, dass ich an einen Punkt kam, an dem ich weitere Dinge lernen durfte", sagt er.

Während der Uni-Zeit arbeitete Holger für ein Reiseunternehmen und war auf der ganzen Welt unterwegs. Das gefiel ihm gut. Auf Bitten seiner damaligen Freundin und späteren Frau bewarb er sich jedoch für einen festen Job in Deutschland und wurde eingestellt.

Die Zeit in der Gesellschaft für Finanzierung von Immobilien und Flugzeugen – lustig, wie das Leben Holger an seinen Wunsch nach Freiheit erinnerte – sei fürchterlich gewesen. Als Schüler und Student hatte er sich nicht groß anstrengen müssen. „Dann hatte ich meine erste Anstellung und merkte, dass ich nichts kann und nichts bin – und genauso behandelt wurde", sagt Holger.

Null Freiheit im Job

Sein damaliger Chef habe ihn malträtiert, ihm die Freiheit geraubt, ihn Freitagnachmittags, als Holger schon unterwegs nach Hause war, zurückgepfiffen und bis in den späten Abend mit vermeintlich dringenden Aufgaben beschäftigt. „Ich habe an den Wochenenden mit meinen Freunden abgeschaltet, gefeiert, Alkohol getrunken. Sonst hätte ich es nicht ertragen. Meine Freunde haben alle bei Banken gearbeitet, ihnen ging es wie mir: Unser Selbstwertgefühl wurde an der Hochschule aufgeblasen und uns im Job genommen."

Drei Jahre hielt Holger durch: „Weil der Kopf sagte, dass sich das gut verkaufen lässt, wenn nach drei Jahren der nächste berufliche Schritt kommt." In seinem nächsten Job bei einem Autohersteller ging es dann steil nach oben: Holger wurde gefördert, anerkannt. Für seine Arbeit bekam er viel Geld und schöne Autos. „Dann kommst du plötzlich in eine andere Liga und es beginnt der andere Druck. Du kommst nicht mehr raus und merkst, dass du dich verkauft hast. Du bekommst Autos, musst aber auch Steuern für sie zahlen. Du mietest eine größere Wohnung, die du aber auch bezahlen musst. Du musst ständig leisten. Du wirst zwar sehr gut bezahlt, aber deine Freiheit hast du verloren."

Runde um Runde im Hamsterrad

Wie bei fast allen Menschen in der Leistungsgesellschaft hatte Holgers Kopf über das Herz gewonnen. Er drehte sich im Kreis, in seinem Hamsterrad – und fand keine Lösung, wie er rauskommen könnte. „Die innere Stimme ist so degeneriert, dass du sie nicht hörst, oder wenn du sie hörst, kannst du sie nicht einordnen", sagt Holger.

Diese Stimme ersetzte ihm sein Sohn: Wenn Holger von der Arbeit nach Hause kam, war er gedanklich noch immer im Büro. Er war in seinem Kopf gefangen. „Ein Partner mag das akzeptieren, ein Kind aber nicht. Mein Sohn hat immer darauf bestanden, dass ich ihm zuhöre, dass ich ihn anschaue, dass ich achtsam bin, wenn ich da bin. Er konnte mir Dinge zeigen, die ich nicht sah, Dinge sagen, die ich nicht wusste", sagt Holger.

An einem Abend habe René, sein kleiner Junge, ihm gesagt: „Papa, sei nicht traurig." Das hat Holger im Herzen getroffen, weil sonst niemand seine wahren Gefühle gesehen hat. „Als Investmentbanker kannst du das nicht zeigen. Du trägst eine Maske, du musst stark wirken." Holger fing an, auf seinen Sohn zu hören. Wirklich da zu sein, achtsam zu sein.

Der amerikanische Medizinprofessor und Begründer der Achtsamkeitsbasierten Stressreduktion Jon Kabat-Zinn schreibt in seinem Buch „Achtsamkeit für Anfänger", dass Achtsamkeit das sei, was sich zeige, wenn wir absichtsvoll und nicht-urteilend unsere Aufmerksamkeit auf den gegenwärtigen Moment richten, so als würde unser Leben davon abhängen.

Holgers Leben hing tatsächlich von seinem Umgang mit sich selbst ab; die Achtsamkeit seinem Sohn gegenüber war nicht genug. Holger bekam Asthma und wurde auf einer weiteren Ebene seiner Freiheit beraubt: Sport machen? Seinem Sohn hinterherrennen? Nicht mehr möglich. „Ich hatte sogenanntes Belastungsasthma; bei Anstrengung jeglicher Art bekam ich einen Anfall."

Keine Freiheit im Privaten

Wenn Holger wusste, dass er sich anstrengen muss, nahm er präventiv ein Medikament ein, das nach 20 Minuten wirkte. Wenn sein Sohn jedoch während des Urlaubs am Meer ins Wasser rannte, war Hinterherrennen ausgeschlossen. „Du kannst das Medikament auch nicht vor anderen Menschen einnehmen, weil es eine Schwäche ist. Als Manager macht man das nicht vor anderen", sagt Holger.

So dachte er eine Weile. Er arrangierte sich mit seinen Leiden, denn beim Asthma blieb es nicht. „Ich bekam Allergien, Lebensmittelunverträglichkeiten. Auch das war eine Einschränkung meiner Freiheit: Ich konnte nicht mehr unterwegs essen, feiern oder im Büro ein Glas Sekt trinken, weil ich darauf allergisch reagiert habe. Ich habe mich an einen Punkt gebracht, an dem das Fass voll war", sagt Holger. Die Begegnung mit einem aggressiven Menschen oder eine Mahlzeit konnte bei ihm einen allergischen Schub auslösen. „Man kann sagen, dass es übel war, dass ich nicht mehr am normalen Leben teilnehmen konnte. Aber es waren die Symptome, die mich lehrten, was Energie ist und was sie zu bedeuten hat", sagt Holger. Viele Jahre hat er an diesen Symptomen arbeiten müssen, um sie zu verstehen. „Da war das Leben ein großer Lehrer für mich."

Holgers Unsicherheit wuchs

Doch vor diesem Verstehen bekämpfte Holger die Symptome eine ganze Weile. Einige dämpfte er mit Medikamenten ein. Andere waren nicht heilbar und wurden immer schlimmer. „Asthmaspray und Kopfschmerztabletten konnte ich mir verschreiben lassen, aber Lebensmittelunverträglichkeiten und Autoimmunkrankheiten, bei denen die Haare ausfallen und die Haut fleckig wird, da gab es nichts." Haarausfall und weiße Flecken auf der Haut. Einzig und ausgerechnet im Gesicht. „Und du siehst das jeden Tag, mehrmals am Tag, und kannst es nicht verstecken. Es verunsichert dich. Und diese innere Unsicherheit, die du bei jedem Blick in den Spiegel erlebst, trägst du in Verhandlungen. Das hinterlässt etwas in dir und auch dein Gegenüber reagiert und fragt sich: ,Was hat er da? Was stimmt bei dem nicht?' Diese Fragen habe ich mir auch gestellt."

Heute ist Holger den Flecken gegenüber gleichgültig. Er hat seine vermeintliche Schwäche in eine Stärke verwandelt. Anfangs war die Situation jedoch extrem belastend für ihn. Es ging nicht nur um Eitelkeit, sondern um einen inneren Schmerz, den er aufgrund der Symptome spürte. Es gab viel, das er damals nicht verstand. Es musste erst zum vollständigen Kollaps kommen.

Kurz vor der Herz-OP

Es war ein ganz normaler Sonntagabend; zu jener Zeit leitete Holger sein eigenes Unternehmen in der Finanzbranche. Er arbeitete unter der Woche in München und war am Wochenende zu Hause bei der Familie im 220 Kilometer entfernten Reutlingen. Sonntagabends, kurz bevor er sich auf den Weg nach München machte, stellte er mit seinem Sohn die Mülleimer nach draußen. Eine Art Ritual bei den beiden. Danach brachte er René normalerweise ins Bett und fuhr auf die Autobahn.

Beim Wettrennen von den Mülleimern an der Straße zum Haus merkte Holger, dass sein Herz unregelmäßig schlug. Er fühlte sich merkwürdig, legte sich auf den Boden und hatte mal einen Puls wie bei einem starken Training und dann für einige Sekunden gar keinen. „Da zwingt dich das Leben, auf dein Herz zu hören", sagt er.

Dennoch war sein Kopf auch in der Situation sehr stark. Nach einer Stunde auf dem Sofa sagte er sich: „Das wird schon. Ich schreibe ein paar

E-Mails, weil ich heute nicht nach München fahre, teile Geschäftspartnern mit, dass ich das erste Meeting nicht wahrnehmen kann." Holgers Frau bestand darauf, dass sie ins Krankenhaus fuhren. Sie hatte im Internet recherchiert und machte sich große Sorgen. Schon vorher sei sie diejenige gewesen, die mehr auf ihr Herz gehört habe, sagt Holger. „Nach außen sah unsere Beziehung aus, als wenn ich das Sagen hätte. Aber eigentlich habe ich oft gemacht, was sie gesagt hat. Bei wichtigen Dingen, die mein Kopf nicht entscheiden konnte, habe ich ihr vertraut, weil sie die richtige Intuition hatte."

Im Krankenhaus schlugen die ersten beiden Behandlungen mit Medikamenten nicht an. „Als auch die dritte keine Wirkung zeigte, bereitete man mich für eine Herzoperation vor", sagt Holger. Am Morgen darauf wurde er gewaschen, die OP stand kurz bevor. Holger verabschiedete sich von seiner Frau. „Ich sagte zu ihr: Das ist der Punkt, ab dem ich auf mein Herz hören will." Das habe er sich selbst und seiner Frau versprochen. Und in der Sekunde fing sein Herz wieder an, rhythmisch zu schlagen. Der Arzt konnte es kaum glauben, ließ Holger genau untersuchen. Dieser wurde nach einer Stunde wieder entlassen und hatte seither nie wieder Herzprobleme.

Er musste all seine Ängste durchleben

Doch das bedeutet nicht, dass ab diesem Moment alles großartig wurde. Mit dem Entschluss, auf sein Herz zu hören, begann eine Zeit noch größerer Schmerzen. Eine Zeit, in der Holger all seine Ängste durchlebte. Angst vor einem beruflichen Selbstmord. Angst vor Armut, vor dem Verlassen-werden. Alles davon ist eingetreten. Alle Themen, vor denen er sich ver-steckt hatte, musste Holger bearbeiten.

Für andere, seine Familie und seine Mitarbeiter, hatte er immer eine Verantwortung gespürt, doch um sich selbst kümmerte sich Holger nur wenig. „Das war mangelnde Selbstliebe. Wer sich in die Intensivstation eines Krankenhauses hineinarbeitet und Autoimmunkrankheiten ausbildet, der hat definitiv einen Mangel an Selbstliebe."

Einige Zeit später stieg Holger aus seinem Unternehmen aus. Er wollte seine Lebensfreiheit nicht mehr verkaufen, um seine größte Angst, die Angst vor der wirtschaftlichen Not, nicht zu spüren. Doch was danach kommen würde, wusste er nicht. „Das Leben bringt dich in bestimmte Situationen. Du sollst deine wirkliche Angst erkennen, weil sie dich sonst dazu führt, etwas zu tun, das nicht deine Berufung ist. Du kannst deinen Ängsten eine Weile davonlaufen, aber sie werden dich einholen. Das Le-ben gewinnt letztlich. Es wird alles arrangieren, sodass du es nicht igno-rieren kannst", sagt Holger.

Er verlor alles

Seine Ängste durchlebte er, eine nach der anderen. Die folgenden drei, vier Jahre nach der Situation im Krankenhaus waren die Hölle für Holger. Sein Verstand, sein starkes Ego, hatte ihn an einen Punkt geführt, an dem es nicht weiterging. Er war von Erfolg verwöhnt und erlebte nun, dass er sich mit dem Erfolg identifiziert hatte. Wer war er nun, da er kein Investmentbanker mehr war? Nicht mehr der Ernährer der Familie? Nachdem seine Frau ihn verlassen hatte, verstand Holger, welchen Beitrag sie zu seinem Erfolg gehabt hatte. Er war plötzlich alleinerziehender Vater und Hausmann. Alles veränderte sich. „Das Leben hat mir den Boden unter den Füßen weggezogen. Du fällst und denkst, du hast keine Chance mehr."

Für Holger mit seiner dramatischen Geschichte bedeutet Selbstliebe herauszufinden, wer er wirklich ist. Der authentische Kern in ihm. Das sei jener, der um alle Ängste befreit sei. Solange wir Ängste in uns spüren, leben wir nicht das Leben, das wir im Grunde unseres Herzens leben wollen. Solange wir uns von hinderlichen Glaubensmustern oder Konditionierungen leiten lassen, sind wir nicht frei.

Angst ist der Gegenspieler der Freiheit

„Du hast vielleicht den Wunsch, Musiker zu werden, aber deine Ängste lassen es nicht zu. Stattdessen verkaufst du Versicherungen. Ist das Selbstliebe? Nein. Aber du kannst nichts dafür, weil du nicht weißt, was du tust. Sich selbst lieben bedeutet, auf sein Herz zu hören und sich von allen Ängsten und Einschränkungen zu befreien", sagt Holger.

Er hat die Erfahrung gemacht, dass wir alle miteinander verbunden sind. Dass ein Mensch, der sich dir gegenüber grob, unfair, unflätig verhält, in dem Augenblick keine andere Wahl hat. Aufgrund seiner Ängste und Konditionierungen. Und dass du erst Frieden mit dir selbst schließen wirst, wenn du friedlich reagierst. Bestimmte Situationen und andere

Menschen können wir nicht ändern, aber wir können in jedem Augenblick entscheiden, ob wir uns ärgern oder nicht, ob wir frei und authentisch handeln oder als Sklaven der Überzeugungen, die in uns wirken und meist nicht einmal die unseren sind.

Wenn du dich von Ängsten oder negativen Konditionierungen leiten lässt, wirst du immer wieder in Situationen geraten, die man gemeinhin als negativ bezeichnet. Wenn du das Gefühl hast, du seist nicht gut genug, wirst du immer wieder Fehler machen oder Menschen begegnen, die dich ebenso für unzulänglich halten. Wenn du dich selbst als dumm, hässlich oder einen schlechten Redner bezeichnest, bekommst du das immer wieder gespiegelt.

Warum passieren bestimmte Dinge immer wieder?

„Es gibt zig Gelegenheiten am Tag: die Nachbarin, die nicht grüßt. Der Mann, der sich an der Kasse vordrängelt. Die Frau im anderen Auto, die dir den Vogel zeigt, obwohl du nichts falsch gemacht hast. Der Chef, der dich nicht lobt. All das löst negative Emotionen aus: Traurigkeit, Enttäuschung, Aggression", sagt Holger. Sobald so etwas eintritt, rät er dazu, sich das Gefühl anzuschauen und nicht instinktiv auf den anderen zu zeigen. „Dieses Spiel findet jeden Tag statt, ohne dass sich etwas verändert. Wenn du zurückbrüllst, ist die Wahrscheinlichkeit, dass dir das Leben wieder den Vogel zeigt, noch größer", sagt Holger.

Das Leben behält dich solange in der Schleife, bis du endlich verstehst, dass die Emotionen in dir nicht irgendeiner auslöst, der sich dir gegenüber blöd verhält, sondern dass das Leben, der Schöpfer, will, dass diese Emotion aus dir herauskommt. Das Leben ist nicht böse oder ungerecht. Es will dich in die Freiheit führen. Dafür benutzt es andere Personen: den Chef, den Nachbar, der ein Idiot ist, so wie du ihn brauchst, um gewisse Emotionen zu besiegen. Erst daraus erwächst Stärke und Liebe.

„Also: geschehen lassen, anschauen, Gedankenfreiheit entwickeln. Meditation ist eine Möglichkeit dafür: nur beobachten, nicht analysieren. Trainiere die Fähigkeit, die Situation geschehen zu lassen, wie sie ist, und sie dir anzuschauen", sagt Holger. In Achtsamkeit lassen sich negative Gefühle auflösen. Das gelingt dir, indem du deine Gedanken beobachtest, dass du dir anschaust, was du denkst. Bleibe dabei wertfrei. Wenn du denkst, „Der sieht aber bescheuert aus" oder „Ich Idiot, schon wieder mache ich diesen Fehler", dann stelle einfach nur fest, was deine Gedanken sind. Mache dir bewusst: „Aha, jetzt habe ich gedacht, dass der Mann bescheuert aussieht" oder „Ich habe mich als Idiot bezeichnet, weil ich einen Fehler gemacht habe". Mehr ist es nicht. Nicht (be)urteilen, nur beobachten.

Verhalten umkehren

Du kannst auch einmal betrachten, wie du bestimmte Dinge machst: einkaufen, Auto fahren, arbeiten, mit Freunden oder Familienmitgliedern sprechen. Bist du gehetzt oder entspannt? Gestresst oder gelassen? Durch simples Beobachten kannst du Gedanken und Verhalten umkehren. Das ist zugegebenermaßen ein langer Prozess. Wenn du aber dauerhaft beobachtest, hast du nach einer Weile keine Emotionen, die du nicht willst. Irgendwann reagierst du nicht mehr wie vorher, du stehst über den Dingen.

Nach ein paar Jahren des Lernens und Anschauens ist auch Holger ein freier Mensch. Er schreibt Bücher über verantwortungsvolles Investmentbanking und den inneren Weg zu Wohlstand und Vollkommenheit. Er spricht in Unternehmen darüber, wie sich Gemeinschaftsgefühl und Betriebsklima verbessern lassen und unterstützt Teilnehmer seiner Seminare dabei, sich von allem zu befreien, das sie unglücklich und krank macht. Er ist doch Lehrer geworden – nur auf andere Weise. Herzen aufzuschneiden, so wie Holger es in ganz jungen Jahren vorhatte, ist ihm in seiner Laufbahn nicht gelungen. In Herzen hineinzuschauen ist nach vielen Jahren Lebensstudium sein Alltag.

Übung

Die Badewanne

Wenn du eine Badewanne hast, lasse dir so oft es geht Badewasser ein. Zünde Kerzen an, schalte das Licht im Bad aus. Lege dich ins Wasser und schließe die Augen. Höre einfach nur hin.

Du hörst, wie dein Herz schlägt. Du hörst das Rauschen deines Blutdrucks. Du hörst vielleicht deinen Magen grummeln oder wie die Nachbarn in der Wohnung über dir rumpeln. Beobachte einfach nur. Tue nichts als das.

Wenn du keine Wanne hast, mache diese Übung im Bett und höre auf das, was ist. Auf diese Weise kommst du immer wieder bei dir selbst an.

Selbstliebe und Vergebung

Selbstliebe leben – und das jeden Tag, sich bedingungslos akzeptieren und sich selbst Gutes tun: Das ist eine herausfordernde Aufgabe. Sie braucht Zeit, Hingabe und stete Wiederholung. Sie steht aber auch für das Loslassen, weil man nicht mehr an alten Verletzungen, Wut und Enttäuschung festhält. Vergebung ist ein Geschenk, das du dir selbst machst. Wer sich selbst (und anderen) vergibt, sorgt dafür, dass Körper und Seele nicht vergiften. An Wut und Groll festzuhalten ist, als ob man Gift nimmt und hofft, dass der andere – der Widersacher – daran zugrunde geht.

Vergebung ist machtvoll, weil sie Belastungen nimmt, Selbstheilung ermöglicht und in Beziehungen den Frieden wiederherstellt. Die allermeisten Menschen haben schon einmal Verletzendes erfahren, Unangenehmes und Schmerzvolles, manchmal Traumatisches. Auf einer Ebene möchten wir beschuldigen, recht haben und „Opfer" sein, auf der anderen Ebene wollen wir den tieferen Sinn einer Erfahrung erkennen und einen Weg finden, zu vergeben und zu vergessen. Gelingt uns das nicht, leben wir oft auch noch Jahre oder Jahrzehnte nach einer unangenehmen Situation voller Groll. Wir tragen die alte Geschichte wortwörtlich mit uns herum und manchmal werden wir krank darüber.

Was geschehen ist, ist geschehen

Wer vergibt, lässt negative Emotionen los. Er befreit sich von Zorn oder dem Wunsch nach Vergeltung. Er erlangt Kontrolle über seine Gefühle.

Zunächst braucht es das Verständnis, dass du das, was geschehen ist, nicht ändern kannst, so schlimm es gewesen sein mag. Es ist an dir, bis zu deinem Lebensende an der alten Verletzung festzuhalten oder dich von ihr zu befreien und im Leben wieder deine vollständige Kraft zur Verfügung zu haben.

Uns fallen oft schnell Menschen ein, die uns etwas „Schlimmes" angetan haben. Doch wir selbst sind auch nicht ohne Fehler. Niemand ist vollkommen. Jeder von uns hat auch schon anderen Menschen Schmerz und Leid zugefügt, auch wenn dies unbeabsichtigt war.

Wenn du dir selbst und anderen vergibst, lebst du Selbstliebe. Liebe ist das Gegenteil von Wut, Schmerz und Rachsucht.

Silvia Patricia Schäfer

Auch bei Silvia gab es ein Leben vor der Selbstliebe. „Ich komme aus einem Haus, in dem wir optimal grundversorgt wurden. Essen, Kleidung, Schule, Sicherheiten, Achtung und Anpassung waren damals die Werte. Selbstbestimmung, Selbstachtung, sich um sich selbst und seine Bedürfnisse kümmern – war überflüssiger Egoismus", sagt sie.

Lange hatte Silvia keine Ahnung, wie ihr Lebensplan aussehen, welchen Beruf sie ergreifen sollte. Ärztin – das kam ihr immer wieder in den Sinn. „Ich hatte aber eine sehr verklärte Vorstellung davon, Ärztin zu sein", sagt sie. Sie wollte anderen helfen, für sie da sein, sie heilen. Leider ließen es Silvias Schulnoten nicht zu, dass sie Medizin studieren konnte. Nach dem Abitur folgte daher eine Zeit der Orientierungslosigkeit.

Sie wollte so lange jobben, bis ihr einfallen würde, was ihr „Ding" und ihre Bestimmung sein könnte. Doch aus einem Nebenjob erwuchs eine Karriere in verschiedenen Firmen der Logistikbranche. Silvia betreute Kunden am Telefon, wechselte in die Auftragsannahme, wurde Abteilungsleiterin. „Ich habe Wissen aufgesaugt und mich entwickelt", sagt sie. Zehn Jahre nach ihrem Abitur war Silvia Teil der Geschäftsführung und verantwortete den Marketing-Bereich eines Unternehmens. „Ich habe gut verdient, aber ich sah keinen Sinn in meiner Arbeit", sagt sie.

Überforderung und Zusammenbruch

Silvia wurde Mutter und kam durch ihre zwei Kinder in Berührung mit dem Thema Gesundheit. Ihr erstgeborener Sohn war in seinem ersten Lebensjahr sehr krank und Silvia machte die Erfahrung, dass auch Schulmediziner ihm nicht helfen konnten. Sie fragte sich, wie sie ihre Kinder unterstützen konnte, wenn es ihnen gesundheitlich schlecht ging. Das alte Bild von der Ärztin, der Heilerin, kam ihr wieder ins Bewusstsein. Silvia wollte verstehen, wie der Mensch in seiner Gesamtheit funktioniert, welche Mechanismen es gibt und wie Krankheit und Gesundheit entstehen. Sie hatte die vage Idee, im heilenden Bereich zu arbeiten. Doch einen konkreten Plan hatte sie noch nicht.

Zu einer Zeit, als viele Schwierigkeiten auf sie niederprasselten – ein Umzug, ein Unfall ihres Mannes, die Umschulung der Kinder –, erlitt sie einen Zusammenbruch. „Ich war fertig und sehr erschöpft. Ich wusste, ich muss eine Lösung finden", sagt Silvia. Sie zog die Notbremse und nahm sich ein Wochenende Auszeit von der Familie. Sie wollte sich mal wieder etwas Gutes tun, sich von allem zurückziehen. „Ich wollte gern etwas lesen. Wegen der Kinder hatte ich das Gefühl, ich hatte jahrelang nicht gelesen. Ich wollte etwas Gutes essen und stundenlang in der Wanne liegen", erinnert sie sich.

Warum war sie nicht zufrieden?

Also ging sie los und kaufte einen Korb voll Obst und Badekugeln. In einer Buchhandlung wollte sie irgendeinen kurzweiligen Roman besorgen, landete jedoch in der Abteilung Gesundheit und hatte plötzlich ein Buch über Ayurveda in der Hand: „Die Körperseele" von Deepak Chopra. Mit ihren Einkäufen setzte sie sich ins Auto. „600 oder 800 Kilometer bin ich einfach nur geradeaus gefahren", sagt Silvia. Irgendwann wurde sie sehr müde und nahm eine Ausfahrt. In einem Hotel legte sie sich in die Wanne, las das Buch über Ayurveda und dachte über ihr Leben nach.

Sie fragte sich: „Warum bin ich nicht zufrieden? Warum geht es mir nicht gut? Warum bin ich so am Boden, dass ich keinen Ausweg sehe?" Sie hatte eine tolle Familie und ein schönes Zuhause und war dennoch unglücklich. Ihr kam der Gedanke, dass der Grund für ihre Situation jener war, dass sie offenbar nichts Sinnerfülltes tat. „Zu der Zeit habe ich nicht erkannt, dass Kindererziehung auch eine sinnvolle Aufgabe ist. Ich habe mich damals nicht wertvoll gefühlt", sagt Silvia. Die Philosophie in Chopras Buch habe ihr die Augen geöffnet, sie berührt und jene Bedürfnisse in ihr angesprochen, die schon lange ausgelebt werden wollten. „Ich wusste, ich möchte mit Menschen arbeiten", sagt Silvia. Es sollte eben nicht die klassische Medizin sein, sondern etwas anderes. Heilung für andere Menschen in einer anderen Form.

Erklärung für das Leben

Silvia fing beruflich von vorne an, nun mit etwas, das ihr am Herzen lag: Sie begann eine Ausbildung zur Ayurveda-Therapeutin, weil sie im Ayurveda eine Erklärung für das Leben und die Zusammenhänge gefunden hatte.

Ayurveda ist eine sehr alte Wissenschaft der gesunden Lebensführung. Sie stellt nicht nur eine rein medizinische Lehre dar, sondern umfasst auch viele psychologische, ethische, philosophische, soziale und ökologische Aspekte. Diese Wissenschaft des Lebens beruht auf vielen Beobachtungen und Zuständen unserer Umwelt und Natur. Sie lehrt uns, im Einklang mit der Natur zu leben. Im Sinne von Ayurveda ist Gesundheit der Zustand einer individuellen Balance. Krankheit hängt auf der anderen Seite mit einem Ungleichgewicht zusammen. Dieses kann auf der körperlichen Ebene liegen, aber auch durch psychische oder emotionale Probleme hervorgerufen werden. Deshalb wird in der ayurvedischen Medizin der Mensch als Ganzes gesehen, als Einheit von Körper, Geist und Seele.

Bis heute bildet Ayurveda die Basis Silvias Arbeit, ihres Denkens und Handelns. Nach der Ausbildung zur Ayurveda-Therapeutin saugte sie das Wissen über alternative Heilmethoden auf: Sie ließ sich zur Klangtherapeutin und zur Reiki-Lehrerin ausbilden – im Reiki wird mit Energien gearbeitet –, sie wurde Leiterin von Entspannungskursen und Fachfrau in Systemischer Aufstellung (hier geht es darum, Klarheit in verzwickte Situationen, etwa in Beruf, Familie oder einen inneren Konflikt, zu bringen). Sie erlernte die Wingwave-Methode, ein effektives Kurzzeit-Coaching, das in wenigen Sitzungen zu Stressabbau, Steigerung der mentalen Fitness und emotionalen Stabilität führt. Sie lernte Massage- und Meditationstechniken. Und sie wurde Expertin der Tipping-Methode, der Radikalen Vergebung nach Colin Tipping, die das Leben eines Menschen grundlegend verändern und verbessern kann.

Radikale Vergebung als Chance

Die Tipping-Methode ist eine Möglichkeit, um mit sich selbst und seiner Welt in Frieden zu kommen, Opfer-Erfahrungen und selbstzerstörerische

Muster aufzulösen. Die Radikale Vergebung unterscheide sich grundlegend von der herkömmlichen Vergebung, sagte Colin Tipping in einem Interview mit dem Magazin SEIN. Während die herkömmliche Vergebung davon ausgehe, dass der Vergebende ein Opfer ist, dem etwas Schlimmes widerfahren ist, lehre uns die Radikale Vergebung, dass alle Dinge, die uns passieren, etwas Gutes in sich bergen, weil sie uns erst zu den (starken, sensiblen, widerstandsfähigen) Menschen gemacht haben, die wir sind.

Nach Colin Tipping ist der erste Schritt der Radikalen Vergebung das Erzählen der Geschichte, die einen belastet. Dabei „hört sich jemand die Geschichte freiwillig und mit Mitgefühl an und würdigt sie als unsere gegenwärtige Wahrheit. Die Geschichte anzuhören und zu bezeugen, ist ein erster unerlässlicher Schritt, um sie dann später loszulassen. Während wir die Geschichte erzählen, müssen wir auch die Gefühle, die mit der Geschichte zu tun haben, fühlen. Natürlich kann es manchmal eine ganze Weile dauern, bis eine Person bereit ist, die ganze Geschichte noch einmal zu erzählen und alle Gefühle, die damit in Zusammenhang stehen, noch einmal zu fühlen", wird Tipping im Interview zitiert.

Als Nächstes gehe es darum, sich auf die Gefühle einzulassen, auch wenn sie mit Schmerzen oder Scham verbunden sind. Hiernach werden Geschichte und Gefühle voneinander gelöst. „Wir nehmen sozusagen die Energie aus der Geschichte heraus. An diesem Punkt bringen wir zum einen ein hohes Maß an Mitgefühl für die Person auf, der wir vergeben, und betrachten die Geschichte (...) zum ersten Mal mit einer gewissen Distanz. Wir trennen Fakten von Fiktion. Viele Ereignisse haben sich in der Kindheit zugetragen. Damals haben wir eine Geschichte oftmals ganz anders interpretiert und erlebt als das, was wirklich geschehen ist", heißt es weiter in dem Interview.

Im vierten Schritt bekomme die Geschichte einen neuen Rahmen; sie wird aus einer anderen Perspektive betrachtet – „nämlich als Teil des göttlichen Plans: Wir haben diesen Plan mitkreiert und (...) mit den Seelen, die an dieser Geschichte mitbeteiligt sind, einen Vertrag geschlossen, der unserem persönlichen Wachstum dient. Er dient unserer weiteren Entwicklung. Hier sind wir in der Lage, zu sehen, dass es keinen Täter gab und kein Opfer, sondern dass das, was passiert ist, neben all seiner Tragik auch einen Sinn erfüllt hat. Diesen Sinn suchen wir. Aus diesem Verständnis heraus gibt es dann auch überhaupt nichts mehr, was man zu vergeben hätte", so Tipping. Im letzten Schritt gelte es dann, diese neue Erkenntnis im physischen Körper zu verankern. Hierbei hilft beispielsweise ein Arbeitsblatt zur Selbstvergebung, das du auf der Seite www.tipping-methode.de herunterladen kannst. (Den genauen Link findest du im Übungsteil nach diesem Kapitel.)

Vergeben und sich selbst annehmen

Die Wirksamkeit der Tipping-Methode erlebt Silvia immer wieder in ihren Workshops oder in der Arbeit mit Klienten. Sie berichtet von einer Frau, die im jungen Alter eine Kränkung durch ihren Vater erfahren hat. „Schau dich an, wie du aussiehst. Du bist viel zu dick. Wenn du so weitermachst, wer soll mit dir zusammen sein?", habe dieser gesagt. Dieses

Erlebnis habe das Mädchen von damals derart verletzt, dass es Jahrzehnte später, als erwachsene Frau, immer noch daran litt. „Es hat aber auch dazu geführt, dass diese Frau sehr stark geworden ist und ihr Leben in die Hand genommen hat", sagt Silvia.

Mithilfe der Tipping-Methode habe die Klientin ihrem Vater vergeben und sich selbst besser annehmen können. Was der Vater ihr an den Kopf geworfen habe, habe die Frau viele Jahre selbst zu sich gesagt: Sie sei nicht bindungsfähig, jeder Mann laufe vor ihr davon. Sie durfte verstehen, dass ihr Vater im Grunde ihr Spiegel war: Die Kälte, Gemeinheit und Schroffheit, die sie ihm vorgeworfen hatte, waren auch ein Teil von ihr selbst. So ist ihre Geschichte der Kindheit auf Umwegen ein Weg zur Selbstliebe und Selbstakzeptanz.

Vom Opfer zum Gestalter

Wer von einem anderen Menschen geliebt oder akzeptiert werden möchte, muss sich die Frage stellen, wie es mit seiner Liebe zu sich selbst steht. „Es ging bei dieser Klientin nicht um die Männer, die sie nicht beachteten oder schlecht behandelten, sondern darum, was in ihr gestärkt werden wollte", erläutert Silvia. Und das sei sehr lange ein Teil gewesen, der immer und immer wieder die Bestätigung für die Worte des Vaters gesucht hat. In einer Psychotherapie hätte die Klientin möglicherweise viele Monate, wenn nicht Jahre, damit verbracht, den Vater für ihr Leiden verantwortlich zu machen und sich selbst als Opfer zu sehen. Mit Tippings Methode ist sie nach Silvias Worten vom Opfer zum Gestalter geworden.

Das Verstehen ist in Silvias Weltanschauung eine Voraussetzung, um sich selbst zu lieben: Wie ticke ich? Wer bin ich? Wie bin ich geprägt? Wenn du weißt, wer du bist, was dich ausmacht, kannst du deine verschiedenen Persönlichkeitsaspekte annehmen. Jeder von uns kennt wohl den inneren Kritiker, der uns von der Selbstliebe trennt. Da gilt es hinzuschauen: „Es gibt kaum Menschen, die rein gar nichts an sich mögen. Bei vielen ist es mal so und mal so. Wenn einem Menschen bewusst wird, dass er je nach Verfassung in verschiedene Spiegelbilder hineinschaut, stimmt das milde", sagt Silvia.

Sich selbst zu lieben heißt, sein Herz aufzumachen für die verschiedenen Aspekte der Persönlichkeit, in die Selbstforschung zu gehen und sich zu erinnern, wann man so etwas wie Selbstliebe gespürt hat. „Manchmal haben wir diese Zeiten nicht mehr auf dem Schirm", sagt Silvia. Manchmal haben uns nahestehende Menschen schon im Kindesalter so sehr geprägt oder verletzt, dass wir auch als Erwachsene noch eine Last mit uns herumtragen. Hier hilft laut Silvia das Konzept der Radikalen Vergebung.

Sich Zeit lassen

Jedoch hat jede Veränderung und Wandlung ihre Zeit. Der eine liest vielleicht ein Buch, das wie für ihn geschrieben scheint, und erhält dadurch den Impuls, sein Leben und sein Glück in die Hand zu nehmen. Der andere liest Buch um Buch, besucht Seminare und Workshops und kommt dennoch nicht weiter. Entscheidend ist es, sich nicht selbst zu verurteilen, wenn ein gewünschter Zustand nicht sofort erreicht ist. „Es kommt, wenn es dran ist für dich. Jeder ist in seiner Entwicklung an dem Punkt, der für ihn stimmig ist. Wenn sich jemand fünf oder zehn Jahre im Kreis dreht, bevor er die Lösung findet, dann war das wichtig", sagt Silvia.

Sätze wie „Ach, hätte ich das doch vor zehn Jahren kapiert" oder „Wäre ich in meiner Jugend schon darauf gekommen" seien nicht förderlich. Zu jener Zeit war das Thema eben nicht dran.

Sich selbst anschauen

Es gelte, Mitgefühl zu sich selbst zu entwickeln. Wohlwollen, achtsames Schauen, Milde, Bejahung, Tiefe, Verbundenheit. Daraus entstehe Selbstakzeptanz – laut Silvia die Basis für Selbstliebe. „Nimm dir 14 Tage Zeit, um dich selbst täglich im Spiegel anzuschauen. Blicke drei Minuten lang in deine Augen. Wen siehst du? Zum Beispiel könntest du laut oder in Gedanken sagen, dass da ein Mensch ist, der schon einmal Schmerzen gespürt hat, der verzweifelt war, der geliebt hat", sagt sie. Schaue hin. Schaue dich an.

„Es geht letztlich um die individuelle Vollkommenheit. Wenn wir uns nicht gut finden, vergleichen wir uns mit etwas oder jemandem", sagt Silvia. Wenn du dich nicht gut genug oder nicht schön genug findest, ziehst du einen Vergleich, doch zu wem? „Wir alle sind Teil einer großen Schöpfung und keine Zufallsprodukte. Jeder hat seine Kraft. Bei einem ist sie laut und bei dem anderen leise. Bei einem ist sie zupackend, beim nächsten ist sie sanft. Es gibt einen Raum, in dem DU ursprünglich ‚zu Hause' bist. Was passt zu dir?", fragt Silvia. „Was fordert dich heraus, fühlt sich aber noch gut an? Wo begibst du dich in einen Bereich, der unangenehm für dich ist?"

Manchmal versuchen wir, jemand zu sein, der uns nicht entspricht. Wir ignorieren alle Signale, die uns unser Körper gibt. Wir mühen uns ab bei dem Versuch, etwas zu erreichen, weil wir glauben, dass es von uns erwartet wird oder dass wir dann gemocht werden. Und wenn wir scheitern, geben wir uns selbst die Schuld dafür. Selbstliebe meint nicht, sich zurückzulehnen und gar nicht mehr anzustrengen, um seine Ziele zu erreichen. Aber es ist ein Unterschied, ob du gegen oder für dich arbeitest. Gegen deine Natur oder mit ihr im Einklang. Ob du dich für bestimmte Persönlichkeitsanteile kritisierst oder sie als etwas Nützliches verstehst.

Seine Sicht verändern

„Alle Teile in uns haben einen Sinn und eine gute Absicht für unser Gesamtsystem", sagt Silvia. Wenn jemand nicht gegen seinen „inneren Schweinehund" ankommt und sich nicht aufraffen kann, um (mehr) Sport zu treiben, wird er möglicherweise von der positiven Absicht dominiert, nach einem langen Arbeitstag genügend Zeit für den Partner zu haben. Hinter einer eher gemächlichen Arbeitsweise steckt vielleicht die positive Absicht, die Arbeit sehr sorgfältig zu erledigen. Wer oft negativ erscheint und sich damit beschäftigt, was alles schiefgehen kann, möchte sich unter Umständen bloß schützen.

Die positive Absicht zu kennen und zu verstehen, löst zwar noch nicht das Problem. Die emotionale Reaktion jedoch verändert sich: Wenn du gute Gründe für deine sogenannte Faulheit erkennst, findest du vielleicht einen guten Kompromiss zwischen Sportlichkeit und Partnerschaftspflege. Wenn du verstehst, dass die Kollegin großen Wert auf Genauigkeit legt, bist du ihr gegenüber weniger gereizt. Und auch den Freund, der sich bloß auf alle Unwägbarkeiten einstellen möchte, kannst du besser annehmen.

„In uns sind viele Persönlichkeitsaspekte. Jeder hat seine Prägung, seine Rolle und spult seinen Text ab – wie im Theater", erklärt Silvia. Wichtig ist zu verstehen, dass diese Aspekte eine gute Absicht haben, sei es Schutz oder das Bewahren des Ist-Zustandes.

Sich mit einem Persönlichkeitsanteil anzufreunden heißt, sich selbst besser zu verstehen. Oft kämpfen wir gegen bestimmte Anteile, die deshalb riesig groß werden. „Menschen, die Panikattacken haben, identifizieren sich zum Beispiel nur noch mit der Angst. Sie sagen: ‚Ich habe Angst' und lassen sich so keinen Handlungsspielraum. Wenn ich jedoch sage ‚Ein Teil von mir hat Angst', bleibe ich selbstbestimmt", sagt Silvia.

Tun und wiederholen

Wachsende Selbstliebe setzt voraus, gewahr zu sein im Alltag. Täglich Dinge zu tun, und seien sie noch so klein, um unsere Selbstliebe zu nähren, uns Gutes zu tun, gut mit uns zu sein. Meditieren, Spiegelübungen machen, in der Wohnung motivierende Post-its oder Karten verteilen, sich am Morgen liebevoll eincremen – heißt: Die Hände einige Sekunden auf den Wangen liegen lassen, sich im Spiegel anschauen und sagen: „Du bist wunderschön" oder vielleicht auch erstmal nur „Ich sehe dich". Manche

Menschen reagieren eher auf Musik. Diese könnten jeden Tag mit einem schönen Lied – einem von Gila Antara oder Brigitte Schmitz zum Beispiel – beginnen und dieses Lied wirklich hören, im Moment sein.

„Dranbleiben ist wichtig. Besser jeden Tag ein paar Minuten als einmal die Woche eine halbe Stunde", sagt Silvia. Und wenn dies bedeutet, dass du dir in den ersten vier Wochen einen Wecker stellst, um dir Momente für dich zu gönnen. Es gibt einen Teil in uns, der Angst vor Veränderung hat. Ihm zuzuhören, ihn anzunehmen, seine Botschaft zu verstehen, hilft auf dem Weg zur Selbstliebe.

„Tun und Wiederholen – das ist dabei eines der wesentlichen Erfolgsrezepte", sagt Silvia. Wir können viele Bücher lesen und uns mit anderen Menschen stundenlang über Glück, Erfolg oder Selbstliebe unterhalten. Veränderung tritt erst ein, wenn wir selbst eine Erfahrung machen.

Übung + Arbeitsblätter

Innerer Dialog

Wenn du ein Problemverhalten bei dir selbst feststellst, nimm dir Zeit, um die positive Absicht dahinter zu ergründen. Du kannst dafür die Augen schließen, wenn du magst. Atme einige Male tief ein und aus. Welchen Aspekt in dir kritisierst du? Wie könnte dieser Teil von dir heißen? Die Ängstliche, die Zögerliche, die Ungeduldige, die Faule …?

Oft ist ein unerwünschtes Verhalten mit einem Gefühl verbunden, das wir etwa in der Brust oder im Bauchraum spüren. Denk an eine Situation, in der du dich so verhältst, wie du es an dir kritisierst. Welches Gefühl ist mit dieser Betrachtung verbunden? Wo in deinem Körper nimmst du dieses Gefühl wahr?

Wenn es sich zeigt, erforsche es genau. Ist es Schmerz, Scham oder Wut …? Wie fühlt es sich an: dumpf, drückend, krampfend, ziehend …? Lass dir Zeit, um Eindrücke von diesem Aspekt, diesem Gefühl zu sammeln. Was könnte die positive Absicht dieses Teils von dir sein? Vielleicht möchte er dich schützen oder stark wirken lassen.

Wenn er sich „mitteilt", danke ihm dafür. Lass dir Zeit, atme ruhig weiter. Frage den Persönlichkeitsanteil, ob er ein anderes Verhalten ausprobieren würde, um die gewünschte Wirkung zu erzielen. Vereinbare mit diesem Teil von dir eine Probezeit, um dieses andere Verhalten zu testen. Bedanke dich zum Schluss bei dem Persönlichkeitsanteil.

Arbeitsblätter

Unter diesen Links findest du Arbeitsblätter zur Selbstvergebung und Selbstakzeptanz:

http://tipping-methode.de/wp-content/uploads/Arbeitsblatt_Selbstvergebung.pdf

http://tipping-methode.de/wp-content/uploads/Arbeitsblatt_Selbstakzeptanz.pdf

Selbstliebe und Gesundheit

Selbstliebe ist die Voraussetzung dafür, glücklich und gesund zu leben. Gesund deshalb, weil sich jemand, der sich selbst annimmt und akzeptiert, von Dingen, Menschen, Situationen und Speisen befreit, die ihm nicht guttun. Im Gegenzug sind Menschen, die sich selbst nicht lieben, anfälliger für psychische und physische Krankheiten. Sie achten ihren Körper nicht, essen zu viel und zu ungesund, bewegen sich nicht. Oder sie überfordern sich, treiben ihren Körper über die Belastungsgrenze, hungern sich herunter.

„Schmerzen und Krankheiten sind absolut nichts Natürliches", schreibt der Diplompsychologe und Autor Robert Betz auf seiner Website. Sie seien hausgemacht und vom Träger des Körpers in aller Regel unbewusst erschaffen. „Aber der Normalmensch will davon nichts hören, dass er selbst seine Krankheiten erschafft. Diesen Gedanken zuzulassen, wäre ihm peinlich. Darum reagieren viele kranke Menschen geradezu aggressiv darauf, wenn man sie fragt: ‚Kannst du dir vorstellen, dass du dir diese Krankheit selbst erschaffen hast?'", so Betz weiter. Unser „Gesundheitssystem" sei nichts anderes als ein System zur Aufrechterhaltung und Vermehrung von Krankheit und Leid sowie von Arbeitsplätzen im „Krankheitssystem".

Das, was unser Körper an Schmerzen, Symptomen und Krankheiten zeige, müsse vorher auf einer höheren Ebene erschaffen worden sein. Unser Körper zeige uns bloß, was wir über uns selbst und über das Leben denken. „Diese Gedanken der Geistesebene sind zutiefst schöpferisch und das unabhängig davon, ob uns bewusst ist, was wir denken. Gedanken erschaffen in uns feinstoffliche Zustände, allem voran unsere Emotionen wie Angst, Trauer, Wut, Scham, Schuld usw., und diese Emotionen suchen sich, wenn sie nicht bewusst angenommen und bejahend gefühlt werden, d.h. nicht weiter fließen können, einen Platz in unserem Körper", schreibt Betz. Dies spüren wir dann als Schwere, Druck, Enge, Spannung, Steifheit oder Kälte. Ignorieren wir diese unangenehmen Empfindungen, entwickeln sie sich zu Schmerz und Krankheiten.

Es brauche vor allem Liebe, Freude und Dankbarkeit als Medizin. „Wer sich selbst liebt und wer es liebt zu leben, wer sich die Unliebe und Selbstverurteilung, den bisherigen Krieg mit sich selbst vergibt und Frieden macht, der schließt die beste Krankenversicherung der Welt ab", so Betz weiter.

Du kannst etwas für deine Gesundheit tun – indem du dich selbst wertschätzt. Achte auf deinen Körper und auf deine Gedanken. Behandle dich selbst und deinen Körper mit Respekt.

Johanna Bonhage

Johanna hat einen extremen Wandel hinter sich. Noch vor wenigen Jahren hat sie sich selbst extrem geschadet: Sie hat viel Alkohol getrunken, Drogen genommen, geraucht, sich mit Menschen umgeben, die nicht gut für sie waren. Diese Tage liegen hinter ihr. Heute achtet Johanna auf ihren Körper und ihre Gedanken und ist nach vielen Jahren der Suche glücklich. Glücklich mit ihrem Aussehen, ihrer Figur, mit sich selbst.

Die Ursachen für Johannas einstige Selbstzerstörung liegen in ihrer Kindheit. Sie wurde als Kind psychisch, physisch und sexuell missbraucht. Eine sehr lange Zeit hat sich Johanna nirgendwo zugehörig gefühlt. Sie war auf der Suche nach Halt, sie wollte wahrgenommen werden. Aufgrund ihrer traumatischen Erfahrungen hat sie verinnerlicht, dass sie nicht in Ordnung ist, wie sie ist, dass sie ihre wahren Gefühle verbergen muss. „Ich war als Kind sehr ängstlich und introvertiert. Ich habe mich nicht getraut, auf fremde Menschen zuzugehen", sagt sie. Sie fühlte sich nirgendwo zu Hause und verloren.

Alkohol und Drogen

Ihr Ausweg war für einige Jahre der Drogenkonsum. Mit etwa zwölf Jahren fing sie an, Alkohol zu trinken und zu kiffen. Mit 15 Jahren kamen härtere Drogen dazu. Zu jener Zeit ging es ihr nicht gut – weder körperlich noch seelisch. Sie rauchte, ernährte sich ungesund, umgab sich mit Menschen, denen sie im Grunde egal war. Sie suchte nach Halt und fand so etwas in der Art: „Die Drogen haben dazu beigetragen, dass ich meinen Depressionen entfliehen konnte. Ich habe mich mit Partydrogen unglaublich euphorisch und glücklich gefühlt. Sie haben mir geholfen, mich mit anderen Menschen zu verbinden, auf sie zuzugehen und ihnen private Dinge zu erzählen", sagt Johanna.

Sie stand kurz vor dem Abitur und schaffte es zwischen durchgefeierten Wochenenden gerade noch auf einen Abiturschnitt von 3,7. Eigentlich wollte sie Psychologie studieren, doch ihre Noten waren dafür nicht gut genug. Mit den Drogen habe sie irgendwann aufgehört, weil sie ihre Depressionen nicht mehr aushalten konnte, die an den Tagen nach den Partys noch schlimmer wurden. „Ich habe es dann einfach sein gelassen, mich von den alten Freunden ferngehalten und mein Leben mit anderen Dingen gefüllt", sagt Johanna.

Neue Perspektive

Während eines freiwilligen sozialen Jahres hat sie von der Ergotherapie erfahren und fand den Gedanken interessant, Menschen dabei zu helfen, nach einer Erkrankung oder einem Unfall wieder selbständig und handlungsfähig zu sein. In der Ausbildung fühlte sie sich sehr wohl, weil sie Neues über den menschlichen Körper lernte und in ihren Mitschülern offene und freundliche Menschen kennenlernte. Das Prinzip der Ergotherapie fand Johanna großartig, doch nach ihrem ersten Praktikum wusste sie, dass sie nicht als Ergotherapeutin arbeiten würde. „In der Theorie ist es toll, kranke oder verletze Menschen dabei zu unterstützen, mit alltäglichen Aufgaben zurechtzukommen. Doch in der Praxis sah es so aus, dass es kein Miteinander zwischen Therapeut und Patient gab. Die meisten

Patienten legten ihre Hände in den Schoß und sagten: 'Mach mich gesund'", sagt Johanna. Statt selbst etwas für ihre Genesung zu tun, haben sie erwartet, dass jemand anderes sie heilt. Das schien Johanna nicht richtig.

Neue Gewohnheiten

Um ihre eigene Gesundheit stand es lange schlecht. Während des freiwilligen sozialen Jahres war sie mindestens einmal im Monat krankgeschrieben. Weil sie sich und ihrem Körper kaum etwas Gutes tat, hatte sie ständig Grippe, Blasenentzündung oder andere Beschwerden. In der Ausbildung zur Ergotherapeutin lernte sie ihren damaligen Freund kennen, der sie mit der Rohkosternährung vertraut machte. Je mehr sich Johanna informierte, umso mehr änderten sich ihre Gewohnheiten: Sie hörte mit dem Rauchen auf und strich Fleisch von ihrem Ernährungsplan. Im nächsten Schritt ließ sie sämtliche Milchprodukte weg. Hiernach hat sich gesundheitlich sehr viel bei ihr getan. Ihre ständigen Krankheiten und Verdauungsbeschwerden waren weg. „Ich habe zwei Monate lang die Rohkost ausprobiert – und mich noch nie im Leben so gut gefühlt", sagt sie.

Dank der Rohkost veränderte sich Johanna. Mit der Zeit vertraute sie ihrem Körper und sich selbst immer mehr. Nach ihrer Ausbildung bekam sie einen Studienplatz in Berlin und studierte Psychologie. Doch der Traum von einst entpuppte sich als weniger schön. In allen Vorlesungen und Seminaren hatte Johanna das Gefühl, dass die Psychologie nicht das Richtige für sie ist. Sie verließ die Uni. Und weil sie keine Ahnung hatte, was sie mit ihrem Leben anfangen sollte, fragte sie sich: „Was würde ich tun, wenn ich in einem Jahr sterben würde?" Ihre Antwort: auf Reisen gehen.

Heilung durch Rohkost

Johanna flog zunächst nach Griechenland und fuhr danach mit dem Bus in die Türkei. Sie verbrachte einige Wochen in Spanien und reiste weiter nach Thailand und Kambodscha. Nachdem sie ihr Erspartes verbraucht hatte, kam sie zurück nach Deutschland. Für kurze Zeit arbeitete sie wieder als Ergotherapeutin, doch sie wusste, dass sie damit nicht auf Dauer glücklich sein würde. Sie wollte niemanden therapieren, der nicht bereit war, etwas für seine Heilung zu tun, sondern seine Gesundheit am Eingang zur Praxis in fremde Hände legte. Sie kündigte.

Seit sich Johanna von Rohkost und überwiegend von frischen Früchten ernährt, hat sich ihr Leben um 180 Grad gewendet. Sie fühlt sich nicht nur körperlich gut, sondern auch mental. „Ich habe die Kontrolle darüber, in welchem Zustand mein Körper sich befindet und wie ich mich fühle. Das hat mir genug Raum zum Atmen gegeben, sodass ich mich getraut habe, mich mit mir selbst zu beschäftigen", sagt sie. Erst durch die Rohkost habe sie es geschafft, sich mit ihrer Vergangenheit auseinanderzusetzen, sich selbst anzunehmen, zu akzeptieren. „Ich konnte hinschauen und mich fragen, wie ich mich fühle und wieso ich mich so fühle. Plötzlich kamen da Antworten auf meine Fragen."

Dank der Rohkost wurde Johanna sensibler für das, was sie wirklich braucht. „Ich weiß, dass es bestimmte Nahrungsmittel gibt, die meinem Körper guttun. Es gibt auch solche, die zwar lecker schmecken, aber mir langfristig schaden", stellt sie fest. Letztere lässt sie mittlerweile komplett weg. Und das ist auch eine Form von Selbstliebe: sich für seinen Weg entscheiden und für seine Überzeugungen einstehen, sich jeden Tag Gutes tun mit dem, was man deinem Körper an Essen zuführt.

Du bist, was du isst

Du musst nicht unbedingt Rohköstler werden wie Johanna. Ausgehend von deinem gesundheitlichen Zustand kannst du schauen, was sich für dich am besten anfühlt. Häufig überdenken wir unsere Gewohnheiten – auch bezüglich unserer Ernährung – erst, wenn es zu Problemen kommt. Übergewicht, Hautprobleme, Erkrankungen. Wie viele Menschen stopfen vor dem Fernseher sitzend Essen in sich hinein? Wie viele Menschen achten nicht darauf, was und wie viel sie essen? Wir essen oft, weil Essen gerade da ist oder weil die anderen essen. Wir essen aus Kummer oder Frust, weil wir gestresst sind oder gelangweilt.

Wenn Essen nicht die Leere in deinem Magen, sondern in deiner Seele ausfüllt, kann das auf Dauer nicht gesund sein. Natürlich darf sich jeder so ernähren, wie er es will. Jedoch wäre es schön, wenn jeder hinterfragen würde, was und wie viel er isst. Am Spruch „Du bist, was du isst" ist viel Wahres. Für immer mehr Menschen passt es einfach nicht, Fleisch zu essen, das von Tieren stammt, die ein unwürdiges Leben unter meist katastrophalen Bedingungen geführt haben und getötet wurden, um als Steak oder Schnitzel auf dem Teller zu landen. Und vom ethischen Aspekt abgesehen, belegen diverse Studien, dass zwischen dem Fleischkonsum und verschiedenen Krankheiten, etwa Herzkrankheiten und Krebs, eine direkte Verbindung besteht.

Milch – Wurzel von Allergien und Ekzemen

Auch gegen Milchprodukte gibt es viele Argumente: Kühe produzieren ihre Milch nicht für den Menschen, sondern für ihre Kälbchen. Diese werden den Mütterkühen in modernen Milchbetrieben kurz nach der Geburt entrissen und mit Milchersatz gefüttert. Weibliche Tiere wachsen heran zu Milchkühen und werden, wenn sie nicht mehr genug Milch geben, geschlachtet. Männliche Kälber werden sofort getötet, weil sie für die Milchindustrie nutzlos sind. Das Leben in einem Milchbetrieb bedeutet Stress für die Tiere, der unter anderem zu Eutererkrankungen führt. Die natürliche Lebensdauer von Kühen beträgt etwa 20 Jahre. Doch Milchkühe werden meist schon mit vier oder fünf Jahren geschlachtet.

Es gibt diverse Studien, laut denen es einen Zusammenhang zwischen Milchkonsum und Krebs (etwa Prostata- und Eierstockkrebs) gibt. Milch ist, wie Mediziner Dr. Robert Kradjian in einem Artikel ausführt, die Wurzel von Allergien in der Kindheit, von Ekzemen, von Ohrenschmerzen und Bettnässen. Den guten Ruf hat die Milch einer guten PR zu verdanken. Aber selbst das Argument, dass Milch gut für die Knochen sei, ist nicht haltbar: Die Universität Harvard hat in einer Studie nachgewiesen, dass Milch das Risiko für Knochenbrüche erhöht. Das liegt daran, dass der Körper bei Milchkonsum übersäuert. Die Säure muss der Organismus dann mit dem Kalzium aus den Knochen neutralisieren. Das Resultat ist Osteoporose. Eine andere Studie italienischer Forscher zeigt, dass Akne bei Milchkonsum deutlich häufiger auftritt. Dafür sind Hormone in der Milch verantwortlich.

Naturbelassen essen

Wer seinem Körper Gutes tun möchte, sollte laut Johanna Milchprodukte und verarbeitete Lebensmittel weglassen. „Iss am besten so naturbelassen wie möglich, wenn es geht – rein pflanzlich", sagt sie. Und auch das bedeutet nicht, dass du von einem Tag auf den anderen Veganer werden musst. Aber wie wäre es, wenn du dir einmal anschaust, wie es um deine Gesundheit steht und wie deine Ernährung aussieht? Wenn du dich ständig schlapp fühlst oder oft krank bist, würde es helfen, einige wenige Gewohnheiten zu ändern – und sei es, dass du dich nur an einem Tag in der Woche rein pflanzlich ernährst. Du kannst klein anfangen.

Möglicherweise hilft es dir, deine Ernährungsgewohnheiten zu beobachten. Johanna rät, dir anzuschauen, wie es aktuell bei dir aussieht. Sein Essverhalten zu hinterfragen, sei deshalb wichtig, weil es ein Spiegel dessen ist, wie es in der Seele aussieht. Starkes Übergewicht hat häufig psychische Ursachen; nicht umsonst gibt es Begriffe wie „Kummerspeck". Jedes Verhalten beruht auf bestimmten Gedankengängen oder Glaubenssätzen, die sich ständig wiederholen. „Viele fühlen sich ihrem

Essverhalten ausgeliefert. Dieses Verhalten lässt sich jedoch ändern, wenn man seine Gedanken in die richtige Richtung lenkt", sagt Johanna. Ein einmal erlerntes Verhalten kannst du durch etwas Neues ersetzen, einfach indem du zum Beispiel im ersten Schritt beobachtest, was und wann (in welchen Situationen) du isst.

Sich selbst akzeptieren

Hinzuschauen verändert schon einiges. Vielleicht möchtest du etwas an deinem Verhalten ändern, weil es dich stört. Etwa mehr Bewegung in deinen Alltag integrieren. Vielleicht aber auch nicht – und das ist auch in Ordnung. Hauptsache, du entwickelst eine Akzeptanz dir selbst und deinen Handlungen und Gefühlen gegenüber. „Man muss sich selbst erst akzeptieren, bevor man etwas verändern kann", sagt Johanna.

Sich selbst zu akzeptieren ist ein ebenso wichtiger wie schwieriger Schritt. Johanna hat es auf ihrem Weg zu sich selbst geholfen, Unwichtiges und Schweres loszulassen. Das gilt nicht nur für ihre einst ungesunde Ernährung. Sie ist die meiste Zeit auf Informationsdiät; sie ist selten bei Facebook oder im Internet, sie schaut keine Nachrichten und kein Fernsehen. Stattdessen verbringt sie viel Zeit in der Natur. „Ich achte sehr darauf, welche Informationen und Reize ich an mich heranlasse. Ich lese nur Bücher, die mich weiterbringen, und treffe mich nur mit Menschen, die mich darin bestärken, gut mit mir selbst umzugehen", sagt sie. Jeden Tag meditiert Johanna eine halbe Stunde lang und gönnt sich so Zeit für und mit sich selbst. „Das hat einen enormen Effekt", sagt sie.

Meditation hat tatsächlich einen spürbaren (positiven) Einfluss auf die Psyche: Wissenschaftler haben bewiesen, dass sich das Stresserleben verringert und im Gegenzug die Körperwahrnehmung, Konzentration und Achtsamkeit verbessern. Laut einer Studie könnte Meditation eine Alternative für die Behandlung depressiver Erkrankungen darstellen.

Auch hier darfst du klein beginnen: nicht mit einer halben Stunde, sondern mit fünf oder zehn Minuten. Die besten Zeiten für eine Meditation sind früh am Morgen und spät am Abend, wenn der Geist ruhig ist, heißt es auf der Webseite des Vereins Yoga Vidya. Du kannst aber auch zu jedem Zeitpunkt meditieren, der in deinen Tagesablauf passt. (Eine Anleitung zum Meditieren findest du bei den Übungen am Ende dieses Kapitels.)

Für Johanna hat die tägliche Meditation viel bewirkt, aber auch die Tatsache, dass sie sich in regelmäßigen Abständen fragt: „Wie geht es mir und was brauche ich gerade?"

Verantwortung für das eigene Leben

Ihren Körper und ihren Geist füttert Johanna heute fast ausschließlich mit Dingen, die eine positive Wirkung haben. Sie isst roh, weil es das Beste für ihren Körper ist. Sie achtet auf ihre Gedanken, weil sie erkannt hat, dass sie selbst dafür verantwortlich ist, ein glückliches Leben zu führen. Sie lässt Emotionen zu und bewertet sie nicht, egal welcher Art sie sind. „Ich liebe mich selbst, nicht nur die Seiten an mir, die ich toll finde, sondern auch jene, die mir vielleicht unangenehm sind."

Das ist, zugegeben, ein Zustand, der sich nicht von heute auf morgen einstellt. Für viele Menschen ist es nicht einfach, mit sich und ihren Gedanken allein zu sein, weil die Last der Vergangenheit oft schwer auf sie drückt. Nach Johannas Weltbild ist die Neigung, sich mit Drogen, Alkohol, Essen, Computerspielen oder Fernsehen abzulenken, größer, je schlechter du von dir selbst denkst. Du läufst vor dir selbst und deinen Gedanken davon. Johanna hat sich dank der Rohkost getraut, ihr Innenleben anzuschauen.

Dein Weg kann anders aussehen. Du könntest mit Affirmationen beginnen – mit dem lauten Aussprechen von positiven Sätzen wie „Ich bin gesund" oder „Ich bin schön". Ändere etwas an deinen Gedanken über dich selbst und mit der Zeit wird sich dein Selbstbild verändern. Du wirst entspannter und triffst Entscheidungen nicht mehr aus den falschen Gründen. Je lieber du dich selbst hast, umso mehr Zeit wirst du dir für dich nehmen, umso mehr Dinge wirst du dir gönnen, die dir Freude bereiten und die dich weiterbringen. Schaue dir deine aktuellen Gewohnheiten an und überlege, was du tun kannst, um neue Gewohnheiten zu etablieren. Schaue hin und du wirst nach und nach erkennen, dass auch du ein wertvoller Mensch bist.

Übungen + Meditation

Das Ernährungstagebuch

Schreibe eine Woche lang auf, was, wie viel und wann du isst. Isst du in Ruhe oder häufig unter Zeitdruck? Notiere, wie du dich nach dem Essen fühlst. Nach etwa einer Woche hast du einen guten Überblick über deine Ist-Situation und erkennst bestimmte Muster und Verhaltensweisen in deiner Ernährung.

Schreibe auf, wie es um deinen Gesundheitszustand bestellt ist. Bist du öfter krank oder leidest du an chronischen Beschwerden? Möchtest du etwas an deinem Körpergefühl verändern und beispielsweise Milchprodukte oder Fleisch weglassen? Bist du bereit, etwas zu verändern?

Gedanken beobachten

Beobachte einmal einen Tag lang, welche Gedanken du hast. Was denkst du über bestimmte Menschen oder Situationen? Was denkst du morgens nach dem Aufwachen oder wenn du dich im Spiegel anschaust? Wohin gehen deine Gedanken, wenn du zur Arbeit fährst? Wie denkst du über deine Kollegen? Vergleichst du dich mit ihnen? Notiere diese Gedanken, wenn möglich.

Frage dich weiterhin, ob dich deine Gedanken weiterbringen oder eher negativ beeinflussen.

Die Meditation

Setze dich bequem hin, zum Beispiel auf einer Yogamatte oder auf einem Kissen auf dem Boden. Mach den Rücken gerade und kreuze die Beine. Lehne den Rücken nicht an, um die Energie nicht von der Wirbelsäule abzuziehen. Du kannst die Hände falten oder sie auf deine Knie oder Oberschenkel legen.

Schließe die Augen. Wenn deine Gedanken wandern, beachte sie nicht weiter und konzentriere dich auf deine Atmung. Du kannst tief in den Bauch einatmen und wieder ausatmen. Kehre immer wieder zur Atmung zurück, wenn irgendwelche Gedanken aufkommen. Zwinge den Geist nicht zum Ruhigsein. Gehe die Meditation entspannt an und setze dir nicht zu hohe Ziele.

Selbstliebe und Bedürfnisse

Alles, was wir denken, fühlen und tun, hat mit unseren Bedürfnissen zu tun. Ob wir essen, schlafen, lesen, arbeiten oder sprechen: Es dient dazu, unsere Bedürfnisse zu befriedigen. Dies ist ein entscheidender Aspekt der Selbstliebe: Wer auf seinen Körper und seinen Geist hört, bleibt im Einklang mit sich selbst.

Als Kinder nehmen wir unsere Bedürfnisse unverfälscht wahr – und fordern sie auch konsequent ein. Wir spüren und äußern Hunger, Durst, Kälte und andere Bedürfnisse unmittelbar. Werden diese Bedürfnisse befriedigt, fühlen wir uns als kleine Wesen akzeptiert, beschützt, geborgen.

Kinder reagieren sensibel

Im Idealfall lernt ein Baby, seine Bedürfnisse und Gefühle mitzuteilen. Wenn die Mutter sich um ihr Kind kümmert und es umsorgt, hat es das Gefühl, dass es bekommt, was es benötigt. Dass es sein darf, wie es ist. Doch auch negative Gefühle der Mutter wie Trauer, Ärger oder Stress bekommt das Kind mit und reagiert darauf sensibel.

In den ersten Wochen und Monaten seines Lebens lernt ein Kind auf intensive Weise, ob die Welt es mit offenen Armen empfängt oder ob es sich zurücknehmen muss, weil die Mutter beispielsweise gestresst oder depressiv ist. Wenn die Gefühle eines Babys positiv gespiegelt werden – etwa wenn es bei Hunger zu essen bekommt oder Zuwendung, wenn es welche benötigt –, wird es im weiteren Leben ein stabiles Bewusstsein für seine Bedürfnisse und seine Gefühlswelt haben. Es wächst mit der Zuversicht auf, dass es mit seinen Wünschen angenommen wird, und entwickelt eine gesunde Selbstliebe.

Bedürfnisse als Kompass

Leider ist dies keine Selbstverständlichkeit, weil vielen Eltern das Bewusstsein dafür fehlt, dass ein Baby ein Individuum mit grundlegenden Bedürfnissen ist, oder weil sie ihre Bedürfnisse über die ihres Kindes stellen. Hinzu kommt, dass wir im Laufe der Jahre, mit der Prägung und Erziehung, zurechtgebogen werden. Wir handeln danach, was Eltern, Lehrer und die Gesellschaft uns vorgeben – und das Gefühl um die eigenen Bedürfnisse schwindet.

Dabei sind unsere Gefühle und Bedürfnisse ein sehr zuverlässiger Kompass. Sie sagen uns, was wir wollen und was uns wichtig ist.

Mischa Miltenberger

„Für Erwachsene ist es eine der schwierigsten Übungen, wieder ein Gefühl für sich selbst zu bekommen und vor allem die eigene Intuition wiederzuerlangen", sagt Mischa. Er hat auf schmerzhafte Weise vom rational geprägten Denken zum Bauchgefühl zurückgefunden, das seiner Ansicht nach nie oder zumindest selten lügt.

Bei Mischa hat die Sprache schon sehr früh eine Rolle gespielt. „Ich bin eine Leseratte, seit ich denken kann. Als Kind habe ich stundenlang gelesen – mit der Taschenlampe unter der Bettdecke", sagt er. Auch geschrieben hat Mischa mit Freude, Geburtstagsgedichte zum Beispiel. Doch auch wenn er wusste, dass ihm das Schreiben leichtfällt und er es gern macht, ignorierte er diese Tatsache bei der Studienwahl.

Er versteckte sich vor der Welt

Stattdessen fragte sich Mischa in jüngeren Jahren, welches Studienfach sich am besten dazu eignet, um den minimalen Einsatz zu zeigen und später viel Geld zu verdienen. „Klassische Konditionierung", wie er sagt. Also studierte Mischa Betriebswirtschaftslehre. Ihm sei es auch darum gegangen, Zeit herumzubringen. „Ich hatte den Plan, dass ich erst richtig arbeiten will, wenn ich 30 bin", sagt er. Deswegen hat er auch nicht besonders viel Ehrgeiz und Energie in sein Studium gesteckt. Seinen Abschluss in BWL hat er geschafft, allerdings auf Umwegen, an einer Fernuni. „Das war keine Heldenveranstaltung", sagt Mischa, „Held war ich eher mit dem, was ich neben dem Studium gemacht habe: auf Partys gehen oder vier Wochen ununterbrochen Tour de France schauen."

Er ließ das Leben an sich vorbeiziehen. Aber was hätte er auch tun sollen? Mischa hatte überhaupt nicht die Wahrnehmung oder den Blick dafür, dass er seine Zeit mit Dingen verbringen könnte, die er gut kann und die ihm Freude machen. Nun, das Feiern und Fernsehen brachten ihm wohl auch Spaß. Aber es war ein flüchtiger Spaß, eine Ablenkung. Auch das Fach Wirtschaft, das er aus rein pragmatischen Gründen gewählt hatte, fand Mischa in der Theorie spannend. An der Uni jedoch war es ein einziger Krampf. „Ich fand es ganz schlimm, war aber damals nicht so weit in meiner Entwicklung, alles hinzuschmeißen. Es war eher ein Verstecken vor der Welt, solange es geht. Und als ich Student war, wollte niemand etwas von mir", sagt er.

Angst statt Freude

Das Versteckspiel hatte seine Wurzeln in einer Angststörung, die Mischas Leben insgesamt 20 Jahre lang beeinträchtigte. Es gab Wochen, da lag er einfach nur in seinem Zimmer herum. Er flüchtete vor sich selbst und war doch in seinem Kopf gefangen. Die Frage nach seiner wahren Leidenschaft, nach etwas, das ihm Auftrieb verleihen würde, gab es schlichtweg nicht. Auf dieses Thema stieß Mischa erst viel später – nach seinem Zusammenbruch.

Doch vorher, während er für seinen BWL-Abschluss lernte, entdeckte er tatsächlich eine Arbeit, die er gern machte: Für eine Lokalzeitung war er als freier Sportreporter unterwegs, berichtete über Eishockeyspiele und -spieler. Er mag das Schreiben, er mag Eishockey – eine perfekte Kombination. Und die Tatsache, dass er mit diesem Job kaum etwas verdiente, machte dem Wirtschaftsstudenten nicht einmal etwas aus. „Zwei Jahre habe ich mich richtig reingehängt, bin auf eigene Kosten zu Auswärtsspielen gefahren. Ich wusste, dass ich genau das machen will", sagt Mischa. Und weil er auch wusste, dass er auf einen Job mit Anzug und Krawatte keine Lust hatte, bewarb er sich für ein Volontariat – eine Redakteursausbildung – bei der Zeitung, für die er schrieb. Er erhielt eine Zusage und sollte schon bald in der regionalen Sportredaktion anfangen. „Ich habe mich sehr darauf gefreut. Drei Tage bevor es losging, haben sie mir geschrieben, dass sie wegen der damaligen Wirtschaftskrise keinen weiteren Volontär einstellen können."

Überforderung im Job

Zwei Monate später dann die Überraschung: Es hieß, dass Mischa gleich als Redakteur anfangen könne. Ob er sich zutrauen würde, ohne Volontariat in der Sportredaktion zu arbeiten? Natürlich traute er sich das zu; die erste Zeit in diesem Job war ein Traum für Mischa. Er war zwar offiziell ein Volontär und wurde auch wie einer bezahlt, verantwortete jedoch vom ersten Tag an ein Ressort, setzte freie Mitarbeiter ein. „Es war anspruchsvoll", sagt Mischa, „und hat mich so überfordert, dass ich am Ende des ersten Jahres meine erste schwere Depression hatte."

Er dachte an nichts anderes als an seine Arbeit. Der Druck des ersten Jahres zermalmte ihn, sodass er abends zur Beruhigung meist drei Bier brauchte, um überhaupt einschlafen zu können. Oft wachte er nachts auf und der Kopf war sofort wieder beim Job und bei dem, was dort schiefgelaufen sein könnte. Zwar liebte er es, zu Terminen und Veranstaltungen zu gehen, Menschen zu interviewen, Spiele zu analysieren, zu schreiben. Doch dies bildete nur 10 bis 20 Prozent seiner Tätigkeit. „In der restlichen Zeit war ich ein Bürohengst, habe E-Mails beantwortet, wurde alle paar Minuten von jemandem angerufen und habe Schützenartikel redigiert, die keinen außer den Schützen interessieren", sagt Mischa. Und dann seien da noch gewisse Strukturen und Machtverhältnisse innerhalb des Verlags gewesen, gegen die sich alles in ihm gesträubt habe – Bedingungen, die für einen, der gern seine Meinung sagt, nicht passen.

Zwischen Depression und Angst

Seine Depression, die sich am Ende des ersten Jahres als Redakteur zeigte, wurde fortan mit Beruhigungsmitteln und Antidepressiva in Schach gehalten. Neun Jahre lang. Depressive Phasen wechselten sich mit Phasen der Angst ab. Mischas Gedanken kreisten ständig um die Angst, obwohl er ihr eigentlich nicht ausgeliefert sein wollte. „So habe ich in den Phasen, in denen es mir gut ging, versäumt, spannende Sachen zu machen, Dinge auszuprobieren, um mir selbst zu zeigen, dass ich es kann, dass ich mutig bin", sagt er. Es sei ein Davonlaufen gewesen.

Doch Mischa merkte, dass er etwas tun musste. Also las er Ratgeber, deren Autoren vorschlugen, man solle sich seinen Ängsten aussetzen. „Im Nachhinein weiß ich, dass das absoluter Schwachsinn ist. Wer akute Angst vor der Angst hat, der braucht keine Konfrontation. Das macht alles nur schlimmer." Stattdessen sei es wichtig, dass Menschen mit Angststörungen anfangen, zu sich selbst zu kommen, sich selbst wieder zu fühlen, Selbstvertrauen zu entwickeln. Dann erst könne man daran denken, sich der Angst zu stellen.

Die Antidepressiva, die Mischa in seiner Zeit als Redakteur nahm, beschützten ihn ein wenig. Doch nicht genug, denn er erhielt eine Weile lediglich einen Zustand aufrecht. Besser wurde es nicht. Abends trank er häufig Alkohol. „Dass es auch die Arbeit war, die mich so fertiggemacht hat, habe ich lange nicht verstanden", sagt er. Zwar habe er gewusst, dass die Belastung im Job groß war und dass er nach Sicherheit strebte. Ihm sei auch klar gewesen, dass er diese Arbeit nicht bis zur Rente machen würde. „Nur hatte ich keine Vorstellung, wie ich da rauskommen soll. Ich kannte auch kein anderes Leben oder Menschen, die selbständig arbeiteten. Mir hat komplett die Phantasie gefehlt, was ich machen könnte", sagt er. In seiner Welt gab es keine Alternative zu dem, was er tat. Denn er wusste, wie wenig freie Journalisten bei Tageszeitungen verdienen, die einen ähnlichen Job machen wie angestellte Redakteure. 35 Euro pro Artikel oder 4000 Euro im Monat mit allen Sicherheiten? Für Mischa war die Antwort klar.

Dennoch fragte er sich immer häufiger: „Was tue ich hier? Ist DAS wirklich meine Aufgabe? Ist es DAS, was ich der Welt zu geben habe und was meinem Potenzial entspricht?" Das Geld, das er als Redakteur verdiente, ließ solche Gedanken eine Weile verstummen. „Für meine Verhältnisse war es überragend viel Geld", sagt Mischa. Der finanzielle Aspekt war ihm wichtig, auch wenn er sein mit den Jahren steigendes Gehalt plus Weihnachts- und Urlaubsgeld irgendwann nur noch als Schmerzens-geld betrachtete. Auf der anderen Seite hatte er das Gefühl, etwas erreicht zu haben, nach zehn Jahren des Herumgammelns im Studium jemand zu sein. Zudem hatte er nette Kollegen und genoss seinen sozialen Status. Und wenn es ihn, wie er sagt, nach zehn Jahren Redakteursdasein nicht „zerlegt" hätte, säße Mischa vermutlich immer noch in der Redaktion und würde Schützenartikel redigieren.

Es kam zum Kollaps

Irgendwann habe er sich bei der Arbeit komisch gefühlt. „Meine Augen haben gesponnen. Ich dachte, ich hätte einen Schlaganfall." Dann, einige Wochen darauf, hatte Mischa in der Morgenkonferenz eine Panikattacke. Die depressiven Phasen, die Ängste: Sie verlagerten sich nun in die Redaktion. „Es ging jeden Tag so weiter, ein halbes Jahr lang. Und ich bin trotzdem zur Arbeit gegangen, weil ich aus Büchern gelernt habe, dass Konfrontation wichtig ist und dass alles gut wird, wenn man es nur lange genug aushält." Ein Trugschluss, denn besser wurde es nicht. Im Gegenteil.

Er sprach mit seinem Psychiater, der ihm riet, die Medikamentendosis zu erhöhen und vor den morgendlichen Konferenzen ein Beruhigungsmittel zu nehmen, das schon nach kurzer Zeit süchtig macht. „Ich habe mich höflich verabschiedet und wollte mir anderweitig Hilfe suchen", sagt Mischa. Er landete bei einem Scharlatan, der ihn mit einer Hypnoseakupunktur heilen wollte. In einfacheren Fällen kann diese Methode wirksam sein. „Ich war aber zu der Zeit schon jenseits von Gut und Böse. Er hat das nicht gesehen, sein Ding durchgezogen und mich in ein paar Wochen wunderbar zu meinem Zusammenbruch hingesteuert", sagt Mischa. Diesem Mann ist er heute dankbar, weil er die Entwicklung beschleunigt hat. Zwar habe Mischa gewusst, dass bei ihm überhaupt nichts in Ordnung war. Aber er war auch nicht fähig auszusteigen. Er hat sich durchgekämpft – bis zu jenem Morgen, an dem er nicht imstande war, noch länger zu kämpfen.

Mischa hatte die Nacht zuvor nicht geschlafen und fühlte sich seltsam, nicht wie er selbst. Er wusste, dass er Hilfe benötigt. Seine Frau sagte auf seiner Arbeit Bescheid, dass er nicht kommen würde. „Ich habe meine Mutter angerufen und sie gebeten, einfach nur da zu sein. Ich hatte Angst vor mir selbst", sagt er. Seine Mutter brachte ihn zum Hausarzt. Dieser gab ihm eine Beruhigungsspritze, die allerdings erst einen halben Tag später gewirkt habe. „Ich war schon so am Ende, dass selbst das ewig gedauert hat. Ich konnte immer noch nicht schlafen. Danach war ich aber zwei Tage sediert und mein Körper konnte sich erholen. Dann bin ich aufgewacht, auf mehreren Ebenen."

Chance auf einen Neuanfang

Mischa war klar, dass sein Leben fortan anders laufen musste. Er wusste, dass er sich nicht mehr verstecken konnte. Dass er sich zwingend helfen lassen musste, nicht mit monate- oder jahrelanger Gesprächstherapie, sondern sofort und stationär. Mischa recherchierte und fand eine psychosomatische Klinik. Als er dort anrief, sagte man ihm, dass die Wartezeit mit einer Akuteinweisung neun bis zehn Monate beträgt.

Zunächst suchte Mischa weiter, erinnerte sich aber, dass er BWL studiert hatte. „Ich habe wieder dort angerufen und gefragt, welche Möglichkeiten es gibt, um das Ganze zu beschleunigen." Weil er privat eine Chefarztbehandlung bezahlte, konnte er bereits eine Woche später in die Klinik. Es ging alles relativ schnell. „Obwohl es mir dreckig ging, hatte ich ein Ziel, einen Fokus. Ich wollte mir klar werden, wie mein Leben aussehen soll", sagt Mischa. Deswegen ließ er sich voll auf die Gespräche und Angebote in der Klinik ein, er ließ alles zu, schaute sich seine Gefühle und Bedürfnisse an, weil er etwas verändern wollte. „Weil ich das als letzte Chance für mich gesehen habe."

Bereit für den Neustart

Der Aufenthalt in der Klinik sei der Startschuss in ein neues Leben gewesen. Alles, was er dort gelernt habe, sei auf fruchtbaren Boden gefallen, weil er nach seinem Zusammenbruch sprichwörtlich aufgewacht war und eine Ahnung hatte, was er will und was nicht. „Viele Menschen gehen in eine Klinik, weil sie denken, sie werden dort behandelt und müssen nichts tun", sagt Mischa. „Ich habe jedoch schnell gesehen, dass es nur dann etwas bringt, wenn ich mich selbst darauf einlasse und es geschehen lasse. Mein großes Glück war, dass ich dafür bereit war. Ich wusste, dass ich nicht heile gemacht werde, sondern dass mein Zutun erforderlich ist.

Deswegen hat sich mir in einigen Bereichen eine komplett neue Welt eröffnet."

Er habe endlich mit anderen Patienten über ein Thema reden können, das Nicht-Betroffene meist nicht verstehen können, und musste sich nicht mehr verstecken. Mit all seinen Marotten, seinem Humor und all seiner Verrücktheit sei er angenommen worden. Das habe ihm unheimlich viel Auftrieb gegeben. Und dann war da ein Therapeut, der genau die richtigen „Knöpfe" bei Mischa gedrückt habe. Es ging in den Gesprächen nicht um den Ursprung seiner Angst und auch nicht um jene Dinge, die seine Eltern vielleicht verkehrt gemacht hatten. „Wir haben auf meine Stärken geschaut, darauf, was ich mit ihnen aus dem Rest meines Lebens machen kann." Dieser Blick nach vorn war sehr bereichernd für Mischa, ebenso wie die verschiedenen Entspannungsmethoden, die Bewegung an der frischen Luft, die Begegnung mit anderen, die ähnlich ticken, die Übungen, die darauf abzielten, Gefühle wie Angst, Trauer, Wut und Hass zuzulassen.

Mehr davon, was guttut

Mischa wusste, dass er nicht in sein altes Leben, seinen alten Job zurückkehren konnte. Nicht unter den alten Bedingungen. „Mir war klar, dass sich gewaltig etwas ändern muss, wenn ich zurückgehe. Viele Menschen, die beispielsweise in einer Therapie Neues erfahren, gehen trotzdem in die alte Situation zurück, weil sie Angst haben, dass sie nichts anderes finden. Sie machen alles wie vorher und wundern sich, dass sie ein Jahr später wieder in der Klinik sind. Ich habe mir gesagt, ich gehe da nur einmal hin."

Seit Mischa die Klinik verlassen hat, wendet er das Gelernte an. „Wenn mir etwas guttut – mehr davon. Wenn mir etwas nicht guttut – weniger davon. Ganz einfach. Das verfolge ich mit einer zunehmenden Radikalität, worauf ich sehr stolz bin."

Nach fünf Wochen in der Klinik kehrte er zurück in sein vertrautes Umfeld und arbeitete ohne Wiedereingliederung in seinem alten Job. Es ging ihm richtig gut. „Ich bin offen mit meiner Situation umgegangen, weil ich wusste, dass das Verschweigen nicht funktioniert hatte." Mischa mochte seine Arbeit, weil er nach den vielen Jahren des Bürojobs einfach mal nur Reporter sein durfte: Er war unterwegs und traf Leute, führte Interviews, schrieb Geschichten. „Ich habe gemerkt, dass das meine Erfüllung ist."

Auf seine innere Stimme hören

Doch schon nach kurzer Zeit machten ihm seine neuen Chefs klar, dass das ja schön und gut sei, dass seine Fähigkeiten jedoch nur in der Redaktion gefragt seien und dass es ihnen egal sei, wie es ihm damit gehe. „Sie haben mir deutlich gemacht, dass es mein Problem ist, wenn ich es nicht hinkriege, als Redakteur psychisch gesund zu sein. Also habe ich gesagt, dass sie jetzt eine Stelle frei haben." Mischa kündigte, ohne Netz und doppelten Boden, wie er sagt. Er hörte auf seine Gefühle, auf seine innere

Stimme. „Ich wusste, es geht nicht mehr. Wäre ich dort ein halbes Jahr geblieben, ich wäre wieder in der Klinik gelandet."

Den Redakteursjob aufzugeben, sei rückblickend eine der besten Entscheidungen seines Lebens gewesen. Zwar hatte Mischa keinen Plan, wie es weitergehen sollte. Doch da war diese Abenteuerlust in ihm, die Idee, mit einem Bulli durch Europa zu fahren. Also kaufte er sich einen VW-Bus, den er Dr. D nannte, setzte einen Blog auf, auf dem er über seine Reise berichten würde, und zog los. In etwa sechs Monaten bereiste er 20 Länder und schrieb in dieser Zeit 76 Blog-Artikel.

Er lernte, dass sich das Leben draußen abspielt und dass niemand die Abenteuer des Lebens zu ihm ins Wohnzimmer trägt. Dass ihn Neues inspiriert und dass es ihm Mut macht, wenn er eine unbekannte Situation gemeistert hat. Dass er als Introvertierter und selbsternannter Hasenfuß Begegnungen und Gespräche mit anderen Menschen viel öfter braucht, als er dachte.

Reise erweist sich als therapeutisch

Die Reise war ein Teil seiner Therapie und lehrte Mischa sehr vieles. Ihm wurden unterwegs Jobs angeboten – als Schlittenhundeführer, als Restaurantleiter –, und er verstand, dass es für ihn immer etwas geben wird, dass sich immer eine Tür öffnet, wenn sich eine andere schließt. Außerdem lernte er, dass es Arbeitsmodelle abseits des Angestelltenverhältnisses gibt, die ihm jene Freiheit lassen, die er braucht.

Nach seiner Rückkehr war Mischa einige Monate arbeitslos und machte sich dann als Texter selbstständig. „Mir war egal, wie viel Geld ich verdienen würde. Mir war klar, dass es erstmal weniger sein würde als bei der Zeitung, aber es war vollkommen irrelevant. Ich habe meine Kosten heruntergefahren und gesehen, dass ich echt wenig zum Leben brauche", sagt Mischa. Um glücklich zu sein, braucht er sein Mountainbike, die Voralpenlandschaft, tolle Menschen, seinen Computer und eine Internetverbindung.

Sich treu bleiben

Mischa ist Journalist, Autor („Antidepressiva absetzen", „I love Mondays – Arbeit, die du liebst, und Freiheit, die du lebst") und schreibt nach wie vor auf seinem Blog „Adios Angst – Bonjour Leben". Er achtet gut auf sich, hört auf seine Bedürfnisse und handelt nicht mehr aus Angst oder einem Mangeldenken heraus. Wenn ein Auftrag sich nicht richtig anfühlt, nimmt er ihn nicht an. Er bleibt sich treu – und das konsequent. Und mit der Angst hat er mittlerweile Frieden geschlossen. „Angst ist etwas Positives, sie will uns auf etwas hinweisen. Ich weiß, dass dort, wo meine Angst ist, mein größtes Potenzial liegt", sagt Mischa.

Seine Ängste sind nicht mit einem Schlag verschwunden, aber er versteckt sich nicht mehr. Er erklimmt Berge, obwohl er Höhenangst hat. Er ist nach 24 Jahren wieder geflogen – trotz seiner Flugangst. Er stellt sich vor ein Publikum und erzählt seine Geschichte, obwohl er sich davor fürchtet, etwas Blödes zu sagen. „Ich probiere es, ich traue mich", sagt er.

„Das Wichtigste ist nicht, dass ich den coolsten Auftritt der Welt habe, sondern dass ich es überhaupt mache. Ich zeige der Angst, dass sie für mich keinen Stellenwert hat."

Wenn es etwas gibt, das er seinem jüngeren Ich mit seinem heutigen Wissen raten würde, dann dieses: „Gehe raus, probiere mal ein Jahr lang 10 oder 20 neue Sachen aus. Denke keine Sekunde darüber nach, ob du damit Geld verdienst oder nicht. Geld ist nicht wichtig genug. Es kann nie das entscheidende Thema im Leben sein. Es wird erst zum Thema, wenn du in unglücklichen Strukturen bleibst, weil du nicht weißt, wie du rauskommst. Du hast zu jedem Zeitpunkt die Chance, etwas anderes zu machen und Sachen zu finden, die du magst. Und damit wirst du zwangsläufig irgendwann Geld verdienen. Davon bin ich zu 100 Prozent überzeugt."

Jeder hat eine Mission, eine Berufung

Mischa ist überzeugt, dass jeder von uns eine Lebensaufgabe hat. Seine sei es wohl gewesen, Ängste und Depressionen durchzustehen, um seine Erfahrungen weiterzugeben. „Ich habe eine Mission und die könnte ich nicht ausführen, wenn ich nicht all die schmerzhaften Erfahrungen gemacht hätte", sagt er. Deshalb rät er Menschen, die sich in einer bestimmten Situation gefangen fühlen, zu schauen, was das eigentliche Thema ist: „Warum glaubst du, dass du nicht aus deinem Job rauskommst? Warum glaubst du, dass du nur in diesem Job Geld verdienen kannst? Gibt es vielleicht Beispiele von Menschen, die in einer ähnlichen Situation waren und etwas Großartiges daraus gemacht haben?" In der heutigen Zeit gebe es so unfassbar viele Möglichkeiten. Es sei wichtig, für sich selbst zu klären, ob man bereit ist für Veränderungen und wenn ja, wie ein Leben dann aussehen kann.

Mischa hat für sich eine Möglichkeit geschaffen, das zu tun, was er gern macht, und Sachen zu lassen, die sich für ihn nicht richtig anfühlen. „Ich kann mir die Freiheit nehmen, Sport zu machen, wann ich will, auf dem Sofa zu liegen und zu lesen oder zig Podcasts zu hören, wenn ich das brauche. Ich kann einfach nur aus dem Fenster schauen, Yogaübungen machen oder mit dem Bike fahren und in den See springen. Das ist purer Luxus. Das ist Selbstliebe, weil das Sachen sind, die mich begeistern", sagt er.

Bedürfnisse im Mittelpunkt

Er nimmt sich jeden Tag Zeit für sich, um hinzuschauen, was er gerade benötigt. Einen Auftrag kann er als Freiberufler auch am späteren Abend oder am Morgen darauf erledigen. „Für mich hat Selbstliebe viel damit zu tun, wie ich mir meinen Alltag einteilen kann, damit er mir und meinen Bedürfnissen gerecht wird", sagt Mischa. Er entwickelt sich stetig weiter, besucht Seminare, die ihn persönlich weiterbringen, praktiziert Yoga und entdeckt Neues wie Mantrasingen oder Stimmentfaltung.

Selbstliebe heiße für ihn hinzuschauen, welche Dinge ihn im Innersten berühren und sich mehr von diesen Dingen zu erlauben. „Das bedeutet nicht, dass ich die ganze Zeit auf dem Sofa liege und in mich hineinspüre. Ich mag auch Action und Kraftsport. Aber das allein reicht nicht", sagt er.

Die andere, die weiche Seite brauche er auch, weil es da noch alte Verletzungen gebe, die andere ihm zugefügt haben oder er sich selbst, weil er schlecht mit sich umgegangen sei. „Das darf sich alles noch zeigen, dem darf ich weiterhin Raum geben. Das ist für mich der größte Akt der Selbstliebe."

Fragen zum Nachdenken + Tipps

Drei Fragen

Jeder von uns weiß im Innersten, was seine wirklichen Bedürfnisse sind. Nur müssen sie oft einem angepassten Norm-Leben weichen, weil viele Menschen durch Erziehung, Schule, Ausbildung, gesellschaftlichen Druck und Leistungsdenken völlig verlernt haben, ehrlich in sich hineinzuhören.

Mischa helfen dabei die drei folgenden Fragen:

1. Wie möchte ich sein? (Nicht: Was möchte ich sein?)
2. Bin ich bereit, alle meine Fortschritte in der Tiefe anzuerkennen (und mich nicht schon wieder unter Druck zu setzen)?
3. Was ist genau jetzt, in diesem Moment, das Beste für mich? (Dabei lässt Mischa den Verstand außen vor, der sagt, dass dies oder jenes zu tun wäre.)

Sieben Tipps

In der Umsetzung heißt das:

- Tue mehr von dem, was dir guttut, und weniger von dem, was dir nicht guttut.
- Kneife nicht mehr vor dem, was dich voranbringt.
- Höre darauf, was dein Körper wirklich will.
- Stehe zu deinem Leben, auch wenn die Masse dich gern anders hätte.
- Habe Vertrauen ins Leben.
- Werde dir bewusst, dass du ausschließlich für dich selbst verantwortlich bist.
- Mache dir klar, dass nur du allein für dein Leben verantwortlich bist.

Selbstliebe und Beziehungen

Die erste und wohl wichtigste Beziehung in unserem Leben ist die Mutter-Kind-Bindung. Daher hat Selbstliebe ihre Wurzeln in der Kindheit: Ein Kind, das mit Eltern aufwächst, die es fördern und fordern, die keine zu hohen und keine zu niedrigen Ansprüche stellen, hat schon einmal gute Grundbedingungen. Wenn das Kind weiterhin von Eltern, Erziehern und Lehrern viele positive Impulse bekommt, sich ausprobieren darf und gelobt wird, stärkt dies seinen Selbstwert. Seine Eltern zeigen ihm Zuneigung und bekunden Interesse an dem, was es tut. Das Kind spürt, dass es gemocht wird, egal, ob es etwas leistet oder nicht.

In den Beziehungen mit seinen Freunden und Mitschülern hat dieses Kind auch Glück: Es wird akzeptiert und integriert und fühlt sich angenommen. Aus dem Kind wird ein Jugendlicher mit der Idee, dass er ganz in Ordnung ist, wie er ist, und dass er mit dem, was das Leben ihm bereiten wird, irgendwie zurechtkommen wird. Er weiß, dass negative Erlebnisse passieren, er wird nicht gleich sich selbst und sein Leben infrage stellen, nur weil mal etwas nicht so läuft, wie er sich das vorgestellt hat.

Eine wunderbare Vorstellung, oder?

Doch leider haben bei Weitem nicht alle Menschen so viel Glück. Die meisten wachsen in Bedingungen auf, die nicht gerade optimal sind, um

Selbstliebe zu entwickeln.

In der Beziehung zu den Eltern haben sie das Gefühl, nicht gut genug zu sein.

In der Schule sind sie Hänseleien und Mobbing ausgesetzt und werden in die Rolle eines Außenseiters gedrängt.

Im Job bekommen sie die Unzufriedenheit der Kollegen zu spüren.

In der Liebesbeziehung erfahren sie nicht genug Anerkennung oder Unterstützung.

All deine Beziehungen spiegeln die Beziehung zu dir selbst

Das Problem ist, dass uns die Schwere unserer Situation meistens erst im Erwachsenenalter bewusst wird. Doch auch wenn in deiner Kindheit und Jugend nicht alles rosig war, kannst du immer noch etwas tun. Ein erster Schritt ist die Einsicht, dass ab jetzt die wichtigste Beziehung, die du in deinem Leben führst, die Beziehung mit dir selbst ist.

Erst wenn du emotional ausgeglichen bist, wirst du es schaffen, eine harmonische und erfüllte Beziehung aufrechtzuerhalten.

Erst wenn du dich selbst akzeptierst, wirst du auch andere Menschen bedingungslos annehmen können.

Liebe ist zunächst einmal Liebe zu sich selbst. Wenn du erkennst, dass du selbst für dein Glück verantwortlich bist, wirst du frei. Kein Partner – und sei es der Traummann oder die Traumfrau schlechthin – wird es schaffen, dich dauerhaft glücklich zu machen, wenn du selbst dich nicht von Herzen liebst. Kein Freund oder Kollege wird es dir jemals recht machen, wenn du dir selbst nicht genug bist. Und deinen Eltern wirst du für die „verpfuschte" Kindheit Vorwürfe machen, solange du nicht im Einklang mit deinem Naturell und deinen Bedürfnissen lebst und handelst.

Glücklich machen kann dich nur eine Person: du selbst. Also schaue dir einmal deine Beziehungen an: Welches Verhalten, welche Situationen ärgern dich? Welche Dinge passieren dir mit Freunden, Familien, in Liebesbeziehungen immer wieder? Was meinst du, warum das so ist? Was meinst du, was das mit DIR zu tun hat?

Viktoria Zeis

Viktoria stammt aus Kasachstan und kam 1993 mit ihren Eltern und ihrer Schwester nach Deutschland. Als Kind war sie sehr aufgeschlossen und quirlig. Doch im Laufe der Jahre veränderte sich dies, was wohl mit Viktorias Beziehung zu ihren Eltern zu tun hat: Ihre Mutter war in Kasachstan Wirtschaftsprüferin gewesen und hatte somit einen angesehenen Beruf. In Deutschland wurde weder ihre Ausbildung noch ihre Berufspraxis anerkannt. Sie fing an, als Putzfrau zu arbeiten, was an ihrem Selbstwertgefühl kratzte. Viktoria verbrachte als Kind viel Zeit mit ihrer Mutter und übernahm unbewusst einen Teil ihres Grolls und ihrer Selbstzweifel. Sie hielt sich für nicht gut genug, nicht schön genug. Und später war auch ihr Berufswunsch nicht der richtige: Viktoria wollte Kosmetikerin werden, doch ihr Vater riet ihr, einen „vernünftigen" Beruf zu erlernen. Also studierte sie BWL. „Dabei bin ich überhaupt kein Zahlenmensch. Das hat mir absolut keinen Spaß gemacht und ist mir schwergefallen", sagt Viktoria.

Gefühle und Gemeinschaft

An der Uni wurde ihr immer wieder bewusst, dass sie sich lieber mit ihren eigenen Gefühlen und denen anderer Menschen beschäftigt. Wenn sie jemanden kennenlernt, fragt sie sich: „Was ist das wohl für eine Person? Was beschäftigt sie? Was macht sie aus?" Sie hat sich immer nach Gemeinschaft gesehnt und in Gruppen besser gelernt als für sich allein. Der Austausch mit anderen Menschen war ihr schon immer wichtig, nicht der mit Zahlen.

Aber weil Viktoria die Dinge zu Ende bringt, die sie anfängt, schloss sie ihr Studium ab. Und weil sie selbst über ihre Zeit verfügen wollte, machte sie sich danach mit ihrer Schwester selbständig. Sie eröffneten ein Studio für Elektrostimulationstraining und waren mehrere Jahre zufrieden mit ihrem Unternehmen. Viktoria lernte ständig neue Menschen kennen und freute sich, wenn diese ihre Ziele erreichten. Doch irgendwann veränderte sich etwas. Sie fing an, etwas zu vermissen.

Mit dem Mangelgefühl kamen Zweifel

Immer häufiger erwischte sie sich dabei, dass sie keine Lust hatte, ins Studio zu fahren. Sie sehnte die Wochenenden herbei und wollte lieber zu Hause bleiben, im Bett. Die Unzufriedenheit war schleichend in ihr Leben gekommen. Und nach vier Jahren Selbständigkeit, die wie im Flug vergangen waren, fragte sie sich immer häufiger: „Ist es das, was ich machen möchte?"

Die Antwort darauf fand Viktoria während einer Reise auf Kuba. Dort, am karibischen Meer, saß sie unter Palmen und schrieb auf, wie ihr Leben aussehen soll, was sie glücklich macht und wie sie ihre Situation verändern kann. Die Selbständigkeit, die sie zusammen mit ihrer Schwester aufgebaut hatte, war nicht das, was sie wollte. Sie wollte mehr Zeit haben, denn in ihrem damaligen Job sah sie Freunde und Verwandte kaum und hatte nach Feierabend keine Energie, um etwas zu unternehmen.

Wieder in Deutschland, stieß Viktoria auf einen Film, der ihr Leben verändern sollte: „The Secret". Darin geht es um das Gesetz der Anziehung, darum, dass unsere Gedanken und Gefühle unsere Realität erzeugen. Studien zeigen, dass positive Gedanken unser Leben bereichern können, dass eine positive Grundhaltung uns zufriedener und glücklicher macht.

„Wenn jemand in einer guten Grundstimmung ist, werden auch positive Ereignisse im Leben angezogen. Wenn jemand in einer negativen Grundstimmung ist, werden eher negative Ereignisse im Leben angezogen", schreibt der Psychologe Mario Lehenbauer-Baum. Geist formt Materie. Das ist auch die Auffassung des Bio-Physikers und Schriftstellers Dieter Broers. Er nennt in einem Interview ein Phänomen, das seine Theorie untermauert: den Placebo-Effekt, also jene positiven Reaktionen – körperlich oder psychisch –, die nicht auf der spezifischen Wirksamkeit einer Behandlung beruhen, sondern auf einem psychosozialen Kontext der Behandlung. Sprich: Auch, wenn in einer Tablette kein Wirkstoff enthalten ist, reicht allein der Glaube aus, um die erwartete Wirkung hervorzurufen. Das testete Viktoria für sich, indem sie anfing, mehr zu lächeln.

Botenstoff, der glücklich macht

Die Hirnforscherin Jessica Sänger sagte in einem Interview, dass beim Lachen bestimmte Botenstoffe ausgeschüttet werden, die uns glücklich machen. Es helfe aber auch, einfach nur zu grinsen, ohne einen Grund. „Weil diese Bewegungen im Gesicht durch die Muskeln an das Gehirn die Nachricht senden: ‚Hey, ich lächle' und das Gehirn sendet ein bisschen von diesem Botenstoff aus, der uns glücklich macht. Das hat schon einen positiven Effekt. Lächeln ohne Grund hilft schon ein bisschen."

Auf dem Weg zu ihrer Arbeit verbrachte Viktoria jeden Tag eine Stunde im Auto. Zwar war sie mit ihrem Job unzufrieden, doch sie wollte auch etwas ändern. Also nahm sich vor, beim Fahren zu lächeln. „Das ist mir richtig schwergefallen", sagt sie. „Aber ich habe es trotzdem gemacht." Und nach einer Weile fiel ihr auf, dass sie automatisch anfing zu lächeln, wenn sie sich ins Auto setzte, und dass sie deutlich gelassener als vorher fuhr. „Das hat sich auch auf die Arbeit ausgewirkt. Ich habe im Studio öfter gelächelt – und das haben auch die Mitarbeiter und Kunden wahrgenommen."

Ein neues Leben in zwölf Monaten

Das Gesetz der Anziehung und die Idee, dass sie mit ihren Gedanken ihre Wirklichkeit formen könnte, beflügelte Viktoria. Sie beschäftigte sich mehr und mehr damit, was sie sich im Leben wünschte, wo und wie sie leben, wie sie ihren Alltag und ihre Arbeit gestalten wollte, wie ihre Beziehungen sein sollten.

Im nächsten Schritt überlegte sie, welche Fähigkeiten oder Eigenschaften sie brauchen würde, um ihre Ziele zu erreichen. Sie wollte mehr über Persönlichkeitsentwicklung und Ernährung erfahren – Themenbereiche, die sie schon immer interessiert haben. Sie lernte sich selbst besser kennen und entwickelte sich Monat für Monat. „In einem Jahr hat sich mein komplettes Leben verändert", sagt sie. Seit ihrer Jugend war Viktoria unzufrieden mit ihrer Figur. Auf dem Weg zu ihrem neuen Ich kam sie in Berührung mit Nahrungsergänzungsmitteln eines US-amerikanischen Unternehmens. Einige probierte sie aus und stellte ihre Ernährung um. Sie verlor Gewicht und merkte, wie ihre Beschwerden – Magenschmerzen und Verdauungsprobleme – verschwanden. Mit ihren Erfahrungen wollte sie andere Menschen unterstützen. Und das tut sie heute, indem sie als Partnerin des Unternehmens dessen Produkte weiterempfiehlt und anderen Menschen hilft, ihre Ziele zu erreichen.

Selbstliebe vs. Egoismus

Von ihren Eltern hörte Viktoria früher oft, sie solle nicht so egoistisch sein. Und dieses Wort fällt häufig im Zusammenhang mit der Selbstliebe. Oft verinnerlichen wir auf dem Weg ins Erwachsenenleben, dass wir auf die Bedürfnisse anderer achten sollen. Aber wie sollen wir einem anderen Menschen helfen, wenn wir uns kaum um uns selbst kümmern können? Wie sollen wir jemanden lieben, wenn wir für uns selbst keine Liebe empfinden?

Tatsächlich galt Selbstliebe noch vor einigen Jahrzehnten als höchst egoistisch, als Sünde. Sigmund Freud, Begründer der Psychoanalyse, setzte Selbstliebe gleich mit Narzissmus – mit Selbstverliebtheit und der damit einhergehenden Vernachlässigung anderer Menschen. Mittlerweile halten viele Psychologen Freuds Thesen für überholt. Ein anderes Verständnis von Psyche hat sich entwickelt. Der Psychoanalytiker Erich Fromm geht etwa davon aus, dass die Liebe zu uns selbst mit der Liebe zu anderen zusammenhängt. Wer nur andere liebt, so seine Auffassung, könne überhaupt nicht lieben. Nach Fromms Überzeugung ist Selbstliebe eine

Voraussetzung, um andere Menschen lieben zu können.

Selbstliebe ist die Antwort auf verschiedene Probleme. Wer sich selbst liebt, wird nichts tun, was er nicht will. Er wird seine Gefühle nicht unterdrücken. Er wird sich immer wieder fragen, was er wirklich will. Er wird sich selbst verzeihen und sich selbst ein guter Freund sein. Daraus resultiert nicht nur eine bessere Beziehung zu sich selbst, sondern auch zu anderen Menschen, zur Arbeit, zur Freizeit. Die ganze Welt ändert sich, wenn ein Mensch anfängt, sich zu lieben. Und je besser es uns selbst geht, umso mehr können wir unseren Mitmenschen geben. Das hat auch Viktoria erlebt.

Liebe statt Eifersucht in Beziehungen

Ihre Liebesbeziehungen waren lange geprägt von Eifersucht, weil sie sich selbst nicht mochte. In einer Partnerschaft hatte Viktoria einen Traummann zum Freund – zumindest äußerlich. Er war groß, dunkelhaarig, gutaussehend. Er fiel auch anderen Frauen auf und flirtete gern. „An einigen Tagen habe ich sehr an mir gezweifelt und mich gefragt, wieso er ausgerechnet mit mir zusammen ist", sagt Viktoria. Ihre Eifersucht war oft Anlass für Streitereien – bis ihr Freund sie verließ. Er hatte keine Lust mehr auf das „Theater".

Diesem Mann ist Viktoria heute sehr dankbar, weil sie nach dieser Erfahrung angefangen hat, sich mit ihrer Eifersucht zu beschäftigen. Doch das Problem verschob sich bloß, weil sie sich nur noch mit Männern traf, die weniger gesellig und kontaktfreudig waren als der gutaussehende Ex-

Freund.

Hinter Eifersucht verbergen sich ein geringes Selbstwertgefühl und negative Erfahrungen aus der Vergangenheit, schreibt Psychotherapeutin Doris Wolf. Genauso war es bei Viktoria. Sie vermisste etwas. Ein Gleichgewicht. Sie lernte im Laufe der Zeit, dass ihre Eifersucht etwas mit ihr selbst zu tun hat und dass sie durch ihr mangelndes Selbstwertgefühl eine Welt erschaffen hatte, die nicht der Realität entsprach. „Heute bin ich überhaupt nicht eifersüchtig. Ich habe gelernt, dass alles aus einem Grund passiert. Wenn mein Partner irgendwann das Gefühl hat, er ist mit mir nicht glücklich und möchte mit einer anderen Frau zusammen sein, weiß ich: Das Schicksal meint es gut mit mir. Sicher werde ich traurig sein, wenn er die Beziehung beendet. Aber auch Trauer darf sein, denn meine Emotionen gehören zu mir und damit zu meinem Wesen, das mich ausmacht. Das ist dann wieder eine Lektion, die ich lernen darf", sagt Viktoria.

Was hat der Ärger über den Partner mit dir zu tun?

Wenn sie merkt, dass sie sich über ihren Partner ärgert, geht sie immer zuerst nach innen. Sie macht ihm keine Vorwürfe, sondern überlegt, warum sie sich wirklich ärgert. Denn was in Partnerschaften häufig zu Schwierigkeiten führt, sind nicht unbedingt die Taten des jeweils anderen, sondern unsere Interpretation dieser Taten. „Wenn ich merke, dass ein komisches Gefühl in mir hochkommt, weil mein Freund etwas Bestimmtes sagt oder tut, überlege ich, wieso mich das so sehr trifft", sagt Viktoria. „Dann stelle ich vielleicht fest, dass ich mich selbst vernachlässigt und mir keine Zeit für mich genommen habe – Zeit, um mir ein leckeres Essen zu kochen oder Sport zu machen, zu meditieren oder zu lesen. Ich mache meinen Partner nicht mehr für meine Gefühle verantwortlich."

Selbstliebe bedeutet für Viktoria, dass sie an erster Stelle steht. Sie hat erkannt, dass diese Einstellung nichts mit Egoismus zu tun hat. „Wenn ich mich selbst liebe und dafür sorge, dass es mir gut geht, kann ich auch an andere denken und ihnen meine Liebe schenken." Das ist nicht egoistisch, denn ein Egoist hat nie gelernt, sich in die Gefühle anderer Menschen hineinzuversetzen. Ein Egoist sieht nicht nur zuerst sich selbst, sondern ausschließlich. Ihn kümmert es nicht, wenn er andere Menschen verletzt. Er sieht nur das, was er braucht, und das holt er sich – ohne Rücksicht auf Verluste.

Erst für sich sorgen

Selbstliebe ist jedoch das genaue Gegenteil. Ein Mensch, der mit sich im Reinen ist, der sich selbst liebt, handelt aus Liebe – auch wenn er sich zurückzieht, um seine Reserven aufzutanken und danach für andere Menschen da zu sein. Ein Verhalten, das häufig falsch interpretiert wird. Denn was lernen wir als Kinder und Jugendliche? Wir sollen an die Gemeinschaft denken, ans Team. Wir sollen nicht egoistisch sein und uns in die Gruppe einfügen. Wir sollen mehr geben als nehmen. In der Bibel steht gleich an mehreren Stellen: „Liebe deinen Nächsten wie dich selbst." Bloß übersehen die meisten den Teil mit der Selbstliebe und opfern sich stattdessen für andere Menschen auf.

Wohltätigkeit an sich sei etwas Gutes, führt die Psychotherapeutin Doris Wolf aus. „Es ist jedoch wahr, dass es nur denjenigen gut geht, die nicht nur für die anderen sorgen, sondern auch für sich." Wer sich selbst aufopfert, weil er glaubt, das sei der einzige Weg, um sich wertvoll zu fühlen, und deshalb kaum etwas tut, was er selbst gern möchte, werde am Ende unglücklich, frustriert und machtlos sein.

„Ich weiß, ich brauche jede Woche Zeit, um mich mit mir selbst zu beschäftigen. Also gebe ich auch meinem Partner Zeit, weil ich weiß, wie wichtig das ist", sagt Viktoria. Vor allem aber hat sie selbst angefangen, Dinge zu tun, die ihr Spaß machen. Sie hat aufgehört, sich zu rechtfertigen, wenn sie etwas tut, das ihr gerade wichtig ist, sei es ein Mittagsschläfchen oder ein Museumsbesuch. Sie hört auf ihren Körper und sucht immer wieder ihre innere Balance. Sie hat begonnen, sich zu fragen, wer sie wirklich ist, was sie glücklich macht und was ihre Stärken sind.

Jedes Verhalten eines anderen hat einen Grund

Eine wichtige Strategie, um mehr Lebensfreude zu spüren, ist für Viktoria der eigene Fokus. Sie will sich nicht mit negativen Dingen beschäftigen und richtet deswegen ihr Augenmerk auf das, was sie will, und nicht auf jene Sachen, die sie stören. „Wenn mir Negatives begegnet, konzentriere ich mich nicht darauf. Wenn ich mich mit jemandem unterhalte, dem es schlecht geht und der nur Schlechtes zu berichten hat, versuche ich das Gespräch auf etwas Positives zu lenken", sagt sie.

Es gibt immer einen Grund, wieso bestimmte Dinge passieren. Und dieser Grund ist nach Viktorias Auffassung immer positiv. Selbst aus negativen Erfahrungen dürfen wir etwas lernen. „Gott, das Schicksal, die Energie – egal wie man es nennt – meint es immer gut mit dir. Wenn ich mit einer Freundin verabredet bin und sie sagt kurzfristig ab, dann ist das heute kein Problem mehr für mich. Dann soll es nicht sein, dass wir uns an diesem Tag treffen. Dann setze ich mich eben allein ins Café und trinke etwas. Ich sehe in jeder Situation etwas Gutes."

Und dafür entscheidet sich Viktoria ganz bewusst. Sie übernimmt Verantwortung für ihr Denken und Handeln und umgibt sich mit positiven Menschen. Nicht umsonst heißt es, jeder von uns sei der Durchschnitt jener fünf Menschen, mit denen er die meiste Zeit verbringt. Wenn deine Freunde sich ständig darüber beschweren, welch schweres Los sie gezogen haben, färbt das auch auf dich ab. Unser Umfeld beeinflusst uns – ob wir das nun wollen oder nicht. Und wenn du feststellst, dass dich die Gespräche mit deinen Freunden nur herunterziehen, wäre es ratsam, dein Umfeld zu verändern. Viktorias Freundeskreis ist heute ein anderer als noch vor wenigen Jahren, weil sie nicht länger nur über Probleme reden wollte, sondern über Lösungen. Sie hatte früher Angst, allein zu sein. „Wenn man aber positiv durch die Welt geht, offen und freundlich ist, kann man überall Menschen kennenlernen", sagt sie. Menschen, die ähnlich ticken. Die sich um sich selbst kümmern, aber auch um ihre Mitmenschen, die große Ziele haben und große Träume.

Übungen

Anderer Rahmen

Oft machen wir negative Erfahrungen oder fühlen uns wegen des Verhaltens einer anderen Person schlecht. Um nicht im Problem zu bleiben, kannst du überlegen, welche andere – positive – Bedeutung das Problem haben kann. Wenn es dich stört, dass dein Partner dir seine Gefühlswelt nicht mitteilt und verschlossen ist, dann kann das zum Beispiel auch daran liegen, dass er dich schützen und nicht mit seinen Problemen belasten will. Wenn du deine Kollegin als stur erlebst, überlege, in welchen Situationen ihre Hartnäckigkeit nützlich sein könnte.

Andere Menschen

Kennst du jemanden aus deinem Freundes- oder Bekanntenkreis, der sich selbst uneingeschränkt liebt? Der sich akzeptiert und vollkommen mit sich im Reinen ist? Wie wäre es, wenn du diese Person triffst und dich einfach nur mit ihr unterhältst? Positive Menschen umgibt eine gewisse Aura, sie ziehen andere Menschen wie ein Magnet an. Wenn dir niemand einfällt, der sich selbst liebt, kannst du Freunde oder Verwandte besuchen, die Babys oder kleine Kinder haben. Die Kleinsten strahlen die anfängliche

Selbstliebe aus, mit der wir alle geboren werden. Du kannst mit ihnen spielen oder sie nur anschauen und dich so in ihrer natürlichen Ausstrahlung von Selbstliebe baden.

Selbstliebe und Authentizität

Je zufriedener wir mit uns selbst sind, umso weniger kümmert es uns, was andere Menschen über uns denken. Und je weniger wir danach schauen, was Freunde, Kollegen oder Verwandte über uns denken, umso mehr stehen wir zu uns selbst und sind authentisch. Wir brauchen dann keine Bestätigung von außen. Wir denken, sprechen und handeln nach unseren eigenen Vorstellungen. Das ist eine Freiheit, die wir als kleine Kinder genießen und mit der Erziehung und Schulbildung oft aufgeben.

Stehst du zu dir selbst und zu dem, was du denkst, sagst und tust? Bist du ehrlich mit deinen Mitmenschen?

Oft halten wir uns mit unserer Meinung zurück. Wir wollen möglichst positiv rüberkommen und es den anderen recht machen. Wir verbiegen uns, um besser dazustehen, um nicht aufzufallen. Aber es ist wichtig, sich zu trauen, das auszusprechen, was der inneren Haltung entspricht.

Warum?

Weil du dich selbst im Stich lässt, wenn du dich und das, was dich ausmacht, verleugnest. Du bist dann nicht authentisch. Und das äußert sich auf so vielfältige Weise: Der eine möchte seit Jahren ein Buch schreiben, doch das Geldverdienen und ein Leben voller Luxusgüter sind wichtiger als das Schreiben. Der andere führt eine Beziehung, in der es kaum Gemeinsamkeiten gibt, schafft es jedoch nicht, sie zu beenden. Der nächste lässt sich an seinem Arbeitsplatz Mobbing oder Schikane gefallen, weil er glaubt, nicht gut genug für einen anderen Job zu sein.

Wenn du Ungerechtigkeit oder unangemessene Kritik einfach hinnimmst, ohne deinen Standpunkt deutlich zu machen, stehst du nicht zu dir selbst. Wenn du deine Wünsche und Träume ignorierst und ein Leben führst, das nicht deinem Naturell entspricht, verrätst du dich selbst. Jeden Tag.

Dahinter verbirgt sich Angst. Angst vor der Zukunft. Verlustangst. Angst davor, nicht gut genug zu sein. Angst davor, ausgelacht zu werden. Angst vor Konflikten. Angst vor dem Scheitern. Angst davor, allein zu sein. Und so weiter und so fort.

Erst wenn du Dinge tust und sagst, weil du es willst, und nicht, weil es andere von dir erwarten, bist du authentisch. Erst wenn du zu dir und deinem Wort stehst, übernimmst du Verantwortung für dein Leben und kannst es zum Positiven wandeln.

Ulrike Hirsch

Ulrike ist eine geborene Künstlerin. Schon als Zweijährige überredete sie ihren Großvater in der Kaufhalle, ihr eine Packung Filzstifte zu kaufen, weil sie sie unbedingt haben wollte. Sie hat schon immer gemalt und gezeichnet, ständig und überall. „Eigentlich ist das total unspektakulär, weil ich es die ganze Zeit gemacht habe. Es war wie Atmen", sagt Ulrike.

Sie malte Ornamente und Tiere, dachte sich Figuren und Comic-Charaktere aus, gestaltete Kurzgeschichten in Bildform. Ulrike wollte nicht Künstlerin werden; sie sei schon immer eine Künstlerin gewesen. Sie wollte als Kinderbuchillustratorin oder Trickfilmzeichnerin arbeiten und studierte Grafikdesign an einer Kunsthochschule. Dort begann für sie eine schwere Zeit.

Mit der Kritik kamen die Zweifel

Frisch nach dem Abitur sei Ulrike noch unreif und sehr verträumt gewesen. „Ich war frei, habe immer gemalt, was mir in den Sinn kam. Und an der Kunsthochschule wurde ich plötzlich auf eine Art bewertet, die mir nicht vertraut war", sagt sie. Ihre Professoren rieten ihr, brutaler und etwas mehr wie ihre Kommilitonen zu malen. „Sie sagten, meine Arbeiten sahen aus wie aus dem Kindergarten: viel zu lieb, viel zu brav. Das wurde als etwas Negatives gesehen." Die Professoren seien teilweise ablehnend gewesen, und die Kommilitonen auch nicht alle freundlich und ehrlich.

Die einseitige Bewertung ihrer Kunst und das Konkurrenzdenken der anderen Studenten ließen Ulrike an sich selbst und ihrem Können zweifeln. Sie bemühte sich, so zu malen wie ihre Kommilitonen. „Das klappte bis zu einem gewissen Grad, fühlte sich aber nicht schön an, weil ich wusste, dass es nicht meins ist und dass ich mich verbiege", sagt sie. Sie entwickelte eine kreative Blockade und hatte kaum noch Freude am Malen und Zeichnen.

Es gab an der Hochschule kaum jemanden, der Ulrike unterstützte. „Die meisten fanden nicht gut, was ich gemalt und gezeichnet habe. Und ich habe gemerkt, dass es mir nicht gut geht, wenn ich mich verbiege. Ich bin dann selbst zu dem Schluss gelangt, dass mir nichts anderes übrig bleibt, als ich zu sein. Wenn ich es sowieso niemandem recht machen kann, kann ich dabei auch ich sein", sagt sie.

Das Urteil anderer Menschen hat nichts mit uns selbst zu tun

In ihrer Abschlussarbeit hat Ulrike deshalb das gemacht, was sie am besten konnte und was ihr am Herzen lag: Sie schrieb eine Geschichte in Reimform, in der es um die Suche nach ihrem Namen ging. Sie nahm dafür Lieder auf, malte Bilder, die sie ihren Professoren wie in einer Ausstellung präsentierte. „Das war meine persönliche Abschlussprüfung im Zu-mir-Stehen", sagt sie. Ulrike war darauf vorbereitet, negativ beurteilt zu werden, doch das Gegenteil trat ein. Ihr Professor, der sehr besorgt gewesen sei, ob sie die Prüfung überhaupt schaffen würde, sei nach der Präsentation zu ihr gekommen und habe sie umarmt, weil er gerührt gewesen sei von dem, was Ulrike geschaffen habe. Ein schöner Abschluss für sie nach den kritischen Äußerungen.

Die Lektion für Ulrike war folgende: Was andere über sie oder ihr Tun denken, entspricht nicht unbedingt der Realität. Vielmehr offenbaren negative Kommentare mitunter Angst, Unsicherheiten und Intoleranz. Wenn jemand unsachlich kritisiert, möchte er vielleicht bloß seine eigenen negativen Emotionen überdecken. Wenn es jemandem peinlich ist, mit einem anderen Menschen wegen seines Aussehens oder seines Kleidungsstils gesehen zu werden, hat er mit großer Wahrscheinlichkeit einen geringen Selbstwert.

Wir selbst kennen uns selbst am besten. Wieso lassen wir dann zu, dass uns andere Menschen ihre Sicht der Dinge aufdrücken? Warum nehmen wir es hin, dass jemand, der mit sich selbst nicht im Reinen ist, unsere Gefühlswelt in negativer Weise beeinflusst?

Das tun, was Freude macht

Zu sich selbst zu stehen, authentisch zu sein, heißt auch, zu wissen, wer man ist, immer wieder bei sich selbst anzukommen, seine Bedürfnisse wahrzunehmen – die körperlichen ebenso wie die emotionalen. „Es geht um Nahrung auf allen Ebenen", sagt Ulrike. „Eine Pause machen oder sich bewegen, wenn man müde ist. Dinge tun, die einem Freude und Leichtigkeit bringen." Genau das tat Ulrike nach ihrem Diplom: Sie besorgte sich einen großen Vorrat an Mal- und Zeichenutensilien und begann zu malen. Jeden Tag. Den ganzen Tag. Nur für sich und ohne Absicht. Zwei Jahre lang stand Ulrike morgens auf und malte, bis sie abends ins Bett fiel. Sie lebte von staatlicher Unterstützung. „Aber ich brauchte nicht viel. Wenn ich Geld ausgegeben habe, dann für Farben und Maluntergründe oder für Essen", sagt sie.

Für Ulrike war genau das ein Akt der Selbstliebe. Nach den Erlebnissen an der Kunsthochschule malte sie sich frei. Sie wollte sie selbst sein; wer sonst hätte sie auch sein sollen? Die Kopie einer anderen Person?

Ulrike kam in den zwei Jahren, in denen sie nur malte, in Kontakt mit Menschen, die ihre Kunst toll fanden. Sie erhielt Einladungen, ihre Arbeiten auszustellen, und erste Aufträge. Die Sache mit der Selbständigkeit sei ganz langsam gewachsen, sagt sie. Das Leben habe sie vor Herausforderungen gestellt und ihr Geschenke gemacht, sodass sie mehr und mehr Vertrauen in sich selbst gefasst und den Wert ihrer Arbeit erkannt habe. „Ich habe immer wieder Fehler gemacht und daraus gelernt, sodass es am Ende keine Fehler waren, sondern Schritte", sagt Ulrike.

Wer sich ausprobiert und Fehler macht, macht ein Lernen möglich. Er kann sich seinem Naturell entsprechend verändern und bleibt auf diese Weise authentisch. Das ist Persönlichkeitsentwicklung, das ist Wachstum. Denn wer sich selbst treu bleibt, akzeptiert auch seine Schwächen. Er hat Mut, das zu tun, wozu er Lust hat. Er muss keine Maske mehr tragen, um anderen Menschen zu gefallen.

Kreativität im Fluss

Jemand anders zu sein und sich zu verstellen, kann eine Weile funktionieren. Auf Dauer jedoch zerrt es an den Nerven, wenn man unterhalb seiner Möglichkeiten und nicht im Einklang mit seinen Werten und Wünschen agiert. Auch deshalb hat Ulrike das heilsame intuitive Malen entwickelt, eine Möglichkeit, das eigene Potenzial zu entdecken, alte Blockaden aufzulösen und die ureigene Kreativität wieder in einen kraftvollen Fluss zu bringen. Das ist gelebte Authentizität. Sie selbst ist Ulrike vor allem dann, wenn sie in ihrem Tun Leichtigkeit und Freude spürt. Das seien die Hauptzutaten ihres Lebens und Arbeitens. Es steckt so viel Kraft darin, so zu sein, wie du bist, weil du dann unerschütterlich bist – wie ein Fels in der Brandung. Weil du dir keine Gedanken darüber machst, wie du dein Tun oder Lassen vor dir selbst oder anderen Menschen rechtfertigst. Weil du deine Einzigartigkeit erkennst.

Das gelingt dir, wenn du ehrlich bist. Dann weißt du im Grunde deines Herzens genau, ob deine Beziehungen, deine Arbeit oder deine Freundschaften das Richtige für dich sind – oder eben nicht. Ob sich etwas leicht und natürlich anfühlt oder verkrampft und unecht. Es nützt nichts, anderen Menschen nachzueifern, sie und ihre Methoden zu kopieren. Es macht unglücklich, sich mit anderen zu messen und zu vergleichen. Stattdessen solltest du dich als Teil einer Gemeinschaft verstehen, in der jeder etwas Wertvolles beizutragen hat. Letztlich geht es bei der Selbstliebe auch um Selbstbestimmung, ein Leben, in dem du selbst entscheidest, wie du leben und arbeiten möchtest.

Tipp + Übung

Moment der Klarheit

Wer sich selbst treu ist, übernimmt Verantwortung für sein Denken und Handeln. Solche Menschen fühlen sich geerdet und ehrlich. Nun ist es ein Prozess, Verantwortung für sein Leben zu entwickeln. Mache dir deshalb zunächst bewusst:

Du bist nicht ausweglos an das, was in der Vergangenheit war, gekettet.

Das, was passiert ist, die Entscheidungen, die du getroffen hast, kannst du nicht ungeschehen machen.

Du kannst Fehler als Möglichkeiten des Lernens verstehen.

Du kannst deinem künftigen Leben die Richtung geben, die für dich stimmig und richtig ist.

Du – und du allein – trägst die Verantwortung für das, was du tust und sagst, ebenso wie für das, was du nicht tust und nicht sagst.

Rückschau

Halte abends vor dem Schlafengehen inne und schaue auf den Tag: Hast du dich in jedem Moment authentisch verhalten? Wo hast du geschwiegen, obwohl du etwas sagen wolltest? Was hast du getan, was du eigentlich nicht tun wolltest? Wie hast du dich gefühlt, als du nicht authentisch warst? Je mehr du beobachtest und analysierst, in welchen Bereichen du dir selbst noch nicht treu bist, umso mehr bekommst du ein Bewusstsein dafür. Wenn du dein Bewusstsein auf das ausrichtest, was dir entspricht und was nicht, beeinflusst du nach und nach dein Denken und Handeln. Lass dir dafür Zeit, hadere nicht mit Worten oder Taten, die du bereust. Mach es beim nächsten Mal einfach anders, damit es sich für dich richtig anfühlt.

Selbstliebe und Dankbarkeit

Dankbarkeit ist eine wichtige Säule für ein erfülltes Leben. Wenn du dich regelmäßig daran erinnerst, wofür du dankbar sein kannst, lässt du ein Gefühl der Zufriedenheit und Freude entstehen. Hältst du dagegen alles für selbstverständlich, kämpfst du gegen dich selbst und machst dich unglücklich. Dankbarkeit ist daher mit Selbstliebe eng verknüpft: Wer dankbar ist, sorgt dafür, dass es ihm gut geht, indem er sich immer wieder vergegenwärtigt, was in seinem Leben bereits großartig ist.

In den großen Weltreligionen nimmt die Dankbarkeit einen hohen Stellenwert ein. „Freut euch allezeit. Sagt Dank in Verbindung mit allem" und „Richtet eure Gedanken ganz auf die Dinge, die wahr und achtenswert, gerecht, rein und unanstößig sind und allgemeine Zustimmung verdienen", heißt es in der Bibel. Wir Menschen sollen unsere Gedanken bewusst auf das Gute richten.

Und die Wirksamkeit der Dankbarkeit wurde sogar belegt: Eine Studie brachte zutage, dass Dankbarkeit physische Beschwerden verringert und Optimismus erhöht. Eine weitere Studie untermauerte die Annahme, dass Dankbarkeit selbst bei chronisch Kranken das Wohlbefinden verbessert.

Wir haben es also selbst in der Hand, glücklich, optimistisch, hilfsbereit und einfühlsam durchs Leben zu gehen. Wir müssen lediglich unseren Fokus verschieben: aus dem Mangeldenken in die Dankbarkeit.

Wie geht Dankbarkeit?

Um positive Veränderungen anzustoßen, empfiehlt die Psychologin Daniela Blickhan vom Inntal-Institut im oberbayrischen Großkarolinenfeld verschiedene Übungen. Eine davon ist das Dankbarkeitsritual. Dabei denkst du einmal am Tag an etwas, wofür du dankbar bist. Ein guter Zeitpunkt dafür ist zum Beispiel abends vor dem Einschlafen. Dieses Ritual eignet sich übrigens auch ganz hervorragend für die Anwendung mit Kindern, auch mit ganz kleinen.

Als weitere Übung kannst du dir angewöhnen, negative Gedanken durch positive zu ergänzen. Das bedeutet nicht, dass du dir verbietest, negative Gedanken zu haben, denn das würde wahrscheinlich eher das Gegenteil bewirken. Nein, es geht darum, nach einem negativen Gedanken einen positiven folgen zu lassen. Zum Beispiel so: „Mein Mann hat schon wieder nicht an die Kinokarten gedacht ... und er hat mir neulich eine nette SMS geschickt." Oder so: „Mein Kind macht so viel Unordnung ... und es hat mich heute Morgen ganz lange umarmt."

Du kannst jene Dinge, für die du dankbar bist, auch in einem Tagebuch festhalten. Notiere einmal pro Woche drei bis fünf Dinge, für die du dankbar bist. Diese Dinge können klein, alltäglich, banal sein – oder auch groß und eindrücklich. Das Aufschreiben steigert die Wirkung, denn beim Schreiben nutzt unser Gehirn andere Bereiche und bildet leichter Strukturen und Verknüpfungen. Und vielleicht merkst du bald, wie viel es in deinem Leben gibt, das schon jetzt großartig ist.

Sandra Seidl

Menschen, die sich selbst lieben, sehen mehr Dinge an sich, die gut sind. Sie sehen ihre wahre Schönheit und sind dankbar für das, was sie haben. Auch Sandra ist heute dankbar. Selbstliebe heißt für sie, dass sie sich selbst so liebt und annimmt, wie sie ist. Dass sie sich selbst gefällt, dass ihre Hände die schönsten Hände für ihren Körper sind, dass ihr Körper vollkommen in Ordnung und gut ist, wie er ist. Doch so hat sie nicht immer gedacht.

Als sie ein Kind war, entschieden ihre Eltern, was gut für sie war, und so hörte sie auf, sich auf sich selbst und ihre eigene Meinung zu verlassen. Als Jugendliche hatte Sandra kein Selbstvertrauen. Und das zeigte sich auch bei der Berufswahl. Eigentlich wollte sie Goldschmiedin werden, doch nach einem abwertenden Kommentar ihrer Mutter war sie sich nicht mehr sicher. Sie überlegte neu und wollte Erzieherin werden. Andere Menschen vermittelten ihr jedoch, dass sie dafür nicht kreativ genug sei. Sandra wurde Fotografin – wie ihr Vater. Doch sie war es nie mit Leib und Seele so wie er. Sie ließ sich dennoch zur Fotografenmeisterin ausbilden, nur weil sie sich ihrem Vater überlegen fühlen wollte.

Die Entwicklung nahm ihren Lauf

Sandra arbeitete in einer Uniklinik und fotografierte fünf Jahre lang Augenkrankheiten und Verletzungen. „Ich habe nur Schicksale und Trauer gesehen. Das hat mich krank gemacht", sagt sie. Sie kündigte ihren sehr gut bezahlten und sicheren Job. Zudem verließ sie später ihren ersten Mann, nachdem dieser sie betrogen hatte. Zwar musste sich Sandra nun allein um ihren Sohn kümmern, doch sie konnte endlich das Leben führen, das sie wollte.

Und auch beruflich schaute sie mehr und mehr danach, was ihr gefiel. Sie arbeitete in einem Fotostudio und fotografierte Babybäuche und Hochzeitspaare. „Das habe ich wirklich gern gemacht, weil ich mit glücklichen Menschen zu tun hatte", sagt Sandra. Auch privat lief es gut; Sandra verliebte sich wieder. Monat für Monat und Jahr für Jahr entwickelte sie sich weiter und lernte, auf sich selbst zu hören.

Gesundheitliche Krisen

Doch es lief nicht alles glatt. Sandra wurde neben ihrer Tätigkeit als Fotografin Stylistin und Kosmetikberaterin, war erfolgreich. Doch dann erlebte sie gesundheitliche Krisen: Nach Problemen mit ihrer Gebärmutter hatte sie eine Ausschabung, zwei Monate danach wurde ihre Gebärmutter entfernt. Im selben Jahr brach sie sich beim Inlineskaten ein Bein. Einige Monate darauf stand es schlimm um Sandras Mann, der fast einen Blinddarmdurchbruch erlitten hätte. Nach seiner Operation wollte er sein Leben ändern – das war auch für Sandra ein Wendepunkt.

Sie und ihr Mann gaben ihren Fernseher weg und hörten stattdessen motivierende Podcasts. Sie machten eine Ausbildung im neurolinguistischen Programmieren (NLP). Dank diesem Modell für Kommunikation und Veränderung lernte Sandra, wie sie tickt. Sie lernte sich selbst besser kennen und verstand, wie ihre inneren Strukturen sind, wieso sie handelt, wie sie handelt.

Zudem las Sandra sehr viel, unter anderem das Buch „The Magic" von Rhonda Byrne. Dies ist im Grunde eine Anleitung zur Veränderung mithilfe von Dankbarkeit. Das Buch veränderte Sandras Sichtweise stark und brachte sie in puncto Selbstliebe ein großes Stück voran.

Denn was ist Selbstliebe anderes als die Dankbarkeit dafür, was an deinem Leben und dir selbst schon toll und schön ist? Es gibt an deinem Körper so vieles, für das du dankbar sein kannst. Deine Augen, mit denen du die Welt sehen kannst. Deine Ohren, mit denen du die Worte lieber Menschen oder die schönsten Klaviersonaten hören kannst. Deine Hände, mit denen du jeden Tag Dinge im Haushalt erledigen und deinen Job ausüben kannst. Und es gibt noch so viel mehr. Da sind all die anderen Körperteile und Organe, die einwandfrei funktionieren.

Darüber hinaus gibt es unzählige Dinge, für die du dankbar sein kannst. Das Bett, in dem du schläfst. Die Kleidung, die du trägst. Das Wasser, das aus dem Wasserhahn kommt.

Sich selbst wieder wahrnehmen

Selbstliebe sei einfach zu lernen, sagt Sandra. Doch auch für sie war es ein Prozess. Sie musste erst lernen, intensiv auf sich zu hören. Wahrzunehmen, was ihre Motivation ist, ihr innerer Antrieb. Die Fotografie und die Arbeit als Kosmetikberaterin waren wichtig für ihre Entwicklung. Sie standen für das Schöne, für das Strahlen, das Sandras Lebensweg immer wieder berührt hat.

Mit ihrem Unternehmen „Ausstrahlungsbringer" unterstützt sie heute andere Menschen dabei, sich selbst wieder wahrzunehmen. Selbstliebe zu lernen und Selbstvertrauen. Ihren Selbstwert zu erkennen und ihr Selbstbewusstsein zu stärken.

Sandra möchte anderen bewusst machen, wie sie mit sich umgehen. „Manche reden mit sich so negativ. Wenn der beste Freund so mit ihnen reden würde, wäre er nicht mehr lange der beste Freund", sagt sie. Viele Menschen sind darauf ausgerichtet, das Schlechte zu sehen. Das, was ihnen nicht gefällt. Die große Nase, den dicken Bauch. Damit ändert sich nichts, im Gegenteil. Durch Selbstmitleid oder Selbstvorwürfe geht es einem nur noch schlechter. „Die innere Stimme lässt sich verändern. Wenn ich dankbar bin und positiv mit mir rede, bin ich schon gut zu mir selbst", sagt Sandra.

Im Hier und Jetzt leben

Die wichtigste Aufgabe, um in Selbstliebe zu leben, ist für sie die Beschäftigung mit sich selbst. Das ist die Voraussetzung, um dankbar zu sein, um auch kleine Erfolge zu feiern. „Lass den Fernseher aus und lies stattdessen lieber ein Buch", sagt Sandra. Bleibe im Hier und Jetzt. Genieße den Moment, statt dich über Fehler aus der Vergangenheit zu ärgern oder dir Sorgen wegen der Zukunft zu machen. Frage dich, was dir Spaß macht, was du von Herzen gern machst. Treibe Sport oder gehe raus in die Natur. Werde zu einer handelnden Figur in deinem Leben.

„Du darfst dich am Anfang nicht überfordern", sagt Sandra. Es ist keine leichte Aufgabe, sich eine Stunde am Abend damit zu beschäftigen, was deine Fähigkeiten und Interessen sind oder wofür du dankbar bist, wenn du dies noch nie getan hast. Wichtig ist: Schaffe dir eine Regelmäßigkeit, wenn du etwas verändern möchtest. Denn eine neue Haltung zu entwickeln, dauert seine Zeit. Du solltest also nicht nur tun, sondern auch dranbleiben. „Du bist der Schöpfer deines Lebens, sei positiv und dir passiert Positives", sagt Sandra.

Ihr Leben ist, seit sie sich selbst vollkommen akzeptiert hat, viel leichter, glücklicher und zufriedener geworden. „Ich stehe morgens zackig auf, weil ich mich auf den Tag freue. Weil ich mich morgens dafür bedanke, dass mir tolle Dinge passieren. Alles ist viel einfacher geworden – und schöner."

Übungen

Der Spiegel (I)

Nimm eine Stoppuhr oder stell den Timer deines Handys. Setze oder stelle dich vor einen Spiegel. Schaue dir dein Spiegelbild an, schaue dir in die Augen – und lächle. Tue nichts weiter. Mach diese Übung so lange wie möglich. Es ist großartig, wenn du es auf drei Minuten schaffst. Wichtig ist: Du darfst alle Gefühle zulassen.

Der Spiegel (II)

Nimm dir etwas Zeit und stelle dich wieder vor einen Spiegel. Schaue dich an und überlege: Was ist schön an deinem Gesicht? Schau genau hin, dir fällt sicher etwas auf. Vielleicht findest du deine Ohren schön oder deine Wimpern oder deine Augen. Diese Übung soll dir helfen, deine Sichtweise zu dir selbst zu verändern. Mit ihr wirst du lernen, zuerst das Positive zu sehen.

Der Spiegel (III)

Lächle dich an einem bestimmten Tag in jeder Spiegelfläche an, an der du vorbeikommst. Wenn du das Gefühl hast, es schaut jemand zu, dann schenke ihm ein ganz besonderes Lächeln. Auch wenn es sich am Anfang vielleicht ungewohnt anfühlt: Tue es! Du wirst an dieser Übung wachsen, je häufiger du sie machst.

Der Dankbarkeitstag

Halte an einem bestimmten Tag zwischendurch immer wieder inne und überlege kurz, wofür du dankbar bist. Es ist egal, was es ist: dein Essen, dein Bett oder ein lieber Kollege. Mache dir einfach einen Tag lang bewusst, was an dir und deinem Leben schon gut ist.

Selbstliebe und Lernen

Lernen macht uns nicht nur schlauer, es ist auch eng mit unserem Glücksempfinden verbunden. Unser Gehirn ist nach Angaben des Hirnforschers Manfred Spitzer programmiert aufs Lernen. Wer nicht lernt oder daran gehindert wird, lebe an seiner natürlichen Bestimmung vorbei. So wie Muskeln mit dem Training wachsen und verkümmern, wenn sie nicht benutzt werden, so verhalte es sich auch mit den Gehirnstrukturen, wird Spitzer im Karriere-Portal von Handelsblatt und Wirtschaftswoche zitiert. Viele von uns haben wohl Geschichten von Menschen gehört, die als Rentner extrem abbauen, weil ihr Gehirn nicht mehr gefordert wird.

Und es nicht nur so, dass Lernen glücklich macht. Auch andersherum gilt: Glückliche Menschen lernen gerne. Laut einer Studie ist lebensfrohen Menschen Lernen wichtiger als jenen, die sich als weniger lebensfroh bezeichnen.

Streben nach Interessantem

Spitzer ist überzeugt, dass wir eine Menge für unser Glück tun können: „Man muss nur wissen, was. Und was nicht", schreibt er auf der Webseite der Alexander-von-Humboldt-Stiftung. „Glück hängt also durchaus mit Wissen zusammen, dem Wissen, was man tun kann, um glücklich zu sein.

(...) Beim Modul unseres Gehirns, das für Glückserleben zuständig ist, geht es nicht um Dauerglück, sondern um dauerndes Streben nach interessanten Neuigkeiten. (...) Wer begriffen hat, dass Lernen und Glück ganz eng in unserem Kopf zusammenhängen, der weiß, dass Glückserlebnisse ein Leben lang immer wieder möglich sind. Man findet Antworten auf die Frage nach dem Glück also genau dort, wo viele es am wenigsten vermuten würden: beim Lernen! Neurobiologisch betrachtet ist daher die Bezeichnung der Schule als ‚Ernst des Lebens' ziemlich daneben."

Wer Neues lernt, lernt auch sich selbst besser kennen. Er entwickelt eine Haltung zu bestimmten Themen und Fragen, er bleibt in seiner Entwicklung nicht stehen. Viele von uns kennen mindestens einen Menschen, der nie aus seiner Heimatstadt herausgekommen ist und allem Fremden gegenüber negativ eingestellt ist. Ein solcher Mensch lebt in Angst, nicht in (Selbst)Liebe. Und was ist mit all jenen, die so gern nach Asien oder Australien reisen würden, sich aber nicht weiter als bis zur Ostsee heraustrauen? Auch sie leben in Angst, nicht in Selbstliebe. Denn Lernen ist auch: die eigenen Ängste und Grenzen überwinden, schlauer werden, besser werden. Nicht zum Zweck der Selbstoptimierung, sondern aus dem Wunsch, in Fülle zu leben.

Michael Krakow

Lebenslanges Lernen macht glücklich. Eine These, die Michael unterschreiben kann. Er hat in seinem bisherigen Leben eine Menge Bücher gelesen und eine Menge gelernt. Und auch wenn er sich selbst erst finden musste, hat er doch zu jedem Zeitpunkt das gemacht, was er machen wollte.

Michael stammt aus dem Ruhrgebiet. Groß geworden ist er in einer Arbeitersiedlung. „Meine Kindheit war draußen", sagt er. Bis es dunkel wurde, spielte er mit anderen Kindern und Jugendlichen im Freien. Das sieht er heute als seinen Reichtum: Während andere Mädchen und Jungen, deren Eltern mehr Geld hatten, auf ihn und seine Freunde heruntergeschaut haben, wusste Michael, dass er Gefährten um sich hat, die für ihn einstehen. „Das Materielle ist das eine. Aber auf dem Schulhof zu wissen, dass dir zwei Dutzend Freunde zu Hilfe kommen, wenn es Ärger gibt, ist unbezahlbar. Das hat mich geprägt."

Bücher statt Frontalunterricht

Als Kind war Michael recht eigensinnig. Regeln und Autoritäten stellte er in Frage. Mit Lehrern diskutierte er gern über Thesen, die diese in den Raum warfen, und galt deshalb als einer, der den Unterricht stört. Viel lieber als im Klassenzimmer hielt sich Michael in der Stadtbücherei auf. „Dort habe ich alles gelesen, wahllos. Das fand ich viel spannender als Schule", sagt er. Viele Schüler perfektionieren ein Prüfungslernen: In kurzer Zeit büffeln sie eine Menge Faktenwissen, und wenn die Klausur geschrieben ist, wird dieses Wissen von der Festplatte im Gehirn gelöscht.

„Vieles, das ich gelesen habe, brauche ich im Leben nicht. Aber egal, um welches Thema es sich handelt: Ich kann zumindest ein paar Sätze beisteuern, weil ich irgendwo etwas darüber gelesen habe", sagt Michael.

Es sei wichtig, Kindern Zeit zu gönnen, sich alles anzuschauen, was sie möchten. Ihnen nicht nur Fachwissen einzutrichtern, sondern in die Breite zu gehen. Da wir in einer Informationsgesellschaft leben, sei das Auswendiglernen nicht entscheidend. „Du kannst alles googeln." Aber zu lernen, kritisch zu sein, gewisse Thesen zu hinterfragen und nicht alles unkommentiert zu glauben, das sei ein Vermögen, das im heutigen Schulsystem immer seltener werde.

Thesen hinterfragen, selbst nachdenken

Das Lesen hat Michael unglaublich geholfen zu filtern. Je nach Lebensgeschichte nehmen wir selektiv wahr, was wir hören oder sehen wollen: Das Gehirn ignoriert automatisch für uns unnötige Informationen. Auf diese Weise können wir Wichtiges von Unwichtigem unterscheiden. Was wir wahrnehmen, ist jedoch nicht die Wahrheit, es ist eine Perspektive. Und seine eigene Perspektive gilt es zu finden; das passiert nicht, wenn wir uns lediglich berieseln lassen, sondern aktiv mitdenken und neues Wissen sacken lassen. Manchmal, wenn man auf eine Frage keine Antwort weiß, helfe es zu sagen: „Hm. Das weiß ich nicht. Da muss ich erstmal drüber nachdenken."

Neben dem Lesen waren bei Michaels Entwicklung andere Menschen – seine Mentoren – eine tragende Säule. Nach der Schule, mit 17 Jahren, wusste er nicht, was er machen sollte. „Ich wusste nicht, was ich gut kann und was nicht. Ich wollte erstmal einfach arbeiten", sagt Michael. Sein Vater erzählte ihm davon, dass in einer Buchbinderei ein Azubi gesucht wurde. „Ich dachte: Ich schreibe gern, ich lese gern, Bücher habe ich schon immer geliebt", sagt Michael. Also ging er in die Lehre bei einem Buchbinder, der für ihn auf vielen Ebenen zu einem wichtigen Mentor wurde. Dank ihm ist Michael in die Welt der klassischen Musik eingetaucht, hat sich mit Komponisten, ihren Biografien und Lebensumständen beschäftigt. „Er ist Klassikfan. Wir haben bei der Arbeit im Radio klassische Musik gehört und er konnte bei den ersten Tönen nicht nur das Stück nennen, sondern auch die Aufnahme", sagt Michael. Sein Ausbilder sei streng, aber wohlwollend gewesen. „Er hat an mich geglaubt." Und er wollte, dass Michael sein Nachfolger wird. „Mir war jedoch klar, dass ich ihn zwar schätze und dass die Arbeit Spaß macht, dass das aber nicht meins ist."

Lernen auf Reisen

Nach seinem Bundeswehrdienst arbeitete Michael noch eine Weile als Buchbinder und reiste viel. Neben Büchern und Mentoren, die ihn Dinge von unschätzbarem Wert gelehrt haben, sei für ihn das Reisen das wichtigste Gut. „Das Reisen hat mir nicht nur gezeigt, wie andere Menschen leben. Es hat mich auch gelehrt, dass mein Lebensentwurf einer von Millionen ist. Es gibt tausende Arten, wie man leben kann", sagt Michael. Die schönste Zeit seines Lebens hatte er in London. Dort wollte er eigentlich nur fünf Tage bleiben. Doch dann lernte er in der U-Bahn zwei Italiener kennen, die ihn in ihre WG einluden, weil sie sich mit dem jungen Deutschen auf Anhieb gut verstanden. So blieb Michael einige Wochen in der britischen Metropole. „Das hat mir gezeigt, dass die Dinge ganz einfach funktionieren, ohne dass man sich lange vorher verabreden muss."

Etwas ganz anderes, aber nicht minder Wichtiges lernte Michael auf Haiti. Als weißer Mann fiel er dort auf. „Ich hatte ein enormes Unbehagen, weil ich mich nicht verstecken konnte. Die Leute haben mir immer hinterhergeschaut. Seither denke ich: Wie fühlt sich ein Dunkelhäutiger in einer Menge weißer Menschen?". Außerdem hat Michael die Tatsache, dass er die Sitten und das Land nicht kannte, Angst gemacht. „Seitdem weiß ich, wie mächtig so ein Gefühl sein kann. Man muss sich aber Ängste anschauen und mit ihnen umgehen, sich fragen, warum man Angst hat", sagt er.

Angst entsteht im Kopf

Jedes Gefühl in uns hat einen tieferen Sinn, auch wenn wir ihn vielleicht nicht auf Anhieb sehen. Der Sinn von Angst ist jener, uns zu schützen, vor Unheil zu bewahren, uns zu warnen. Doch nehmen wir dieses Gefühl trotz seiner guten Absicht oft als negativ wahr. Deshalb versuchen die meisten Menschen, es verdrängen, wenn es auftaucht. Sie meiden Situationen, in denen sie normalerweise Angst bekommen, sie nehmen Medikamente gegen unangenehme Gefühle, beruhigen sich mit Alkohol, lenken sich ab mit Fernsehen oder Videospielen.

Es ist wichtig, sich klarzumachen, dass Ängste nicht aufgrund von bestimmten Situationen entstehen. Situationen können Auslöser sein, ja. Aber Angst entsteht im Gehirn, wir selbst lassen sie entstehen.

Wieso sonst schreit der eine laut auf und flüchtet, wenn er eine Spinne sieht, während der andere ruhig sitzenbleibt und lächelt? Warum hat der eine Panik vor dem Fliegen und der andere kann es gar nicht abwarten, ins Flugzeug zu steigen? In unserem Gehirn laufen jeden Tag so viele Prozesse ab, die wir alle gar nicht erfassen können. Wir spulen in bestimmten Situationen einfach nur Gelerntes ab – aufgrund unserer Prägungen und Erfahrungen.

Oft sagen wir uns in Gedanken Sätze, mit denen wir uns in Angst versetzen. Was denkt wohl jemand, der Angst vor dem Fliegen hat? Vielleicht dass das Flugzeug abstürzt und er stirbt? Sich diese Angst anzuschauen ist wichtig, um sie zu überwinden. Derjenige könnte stattdessen sagen: „Ich habe gerade Angst, wenn ich ans Fliegen denke. Das ist ein unangenehmes Gefühl, aber ich schiebe es nicht weg. Ich bin schon x Mal geflogen und mir ist nichts passiert. Also wird es auch dieses Mal gut gehen." Bewusstsein und Wissen sind ein effektives Mittel gegen Angst.

Du bist nicht perfekt, aber du kannst lernen

Einige Zeit nach seiner Haiti-Reise startete Michael neu. Er ging nach Detmold, wo er während seiner Bundeswehrzeit Freunde gefunden hatte. In einer Einrichtung für Menschen mit Behinderung wurde jemand gesucht, der ein neues Haus samt Druckerei und Buchbinderei aufbaut. Es ging um soziale Arbeit mit Menschen mit psychischen Erkrankungen. „Ich war jung, hatte null Erfahrung, von Pädagogik erst recht nicht", sagt Michael. Trotzdem bewarb er sich. „Damals dachte ich, dass ich alles kann. Diese Einstellung gefällt mir auch im Nachhinein. Wenn du so an Dinge herangehst und dir bewusst machst, dass du nicht perfekt bist, aber lernen kannst, wirst du weit kommen."

Fast sieben Jahre arbeitete Michael im sozialen Bereich. Jahre, die ihn sehr bereichert haben. Er hat sehr viel gelernt und Aufgaben gemeistert, von denen er früher gesagt hätte, er könnte sie nicht stemmen. Und er kam sich selbst näher: „Psychologie und Pädagogik haben mich sehr interessiert. Ganz allmählich habe ich herausgefunden, was ich mag: Schreiben, Sprechen, Unterrichten. Unterrichten ist das Tollste auf der Welt."

Irgendwann hatte Michael das Gefühl, dass er nicht mehr lernt, dass er anfängt, Routinen zu entwickeln. Der Spaß wurde immer seltener. Das war der Zeitpunkt für ihn, um etwas anderes zu machen. Michael fing bei einer Werbeagentur an und arbeitete zunächst als Operator an einer Digitaldruckmaschine. Doch er merkte, dass Technik nicht seins war. Auch sein Chef merkte das: „Ihm war aufgefallen, dass ich manchmal, wenn unser Sachbearbeiter nicht konnte, mit Kunden gesprochen habe. Er sagte, dass ich das richtig gut mache", erinnert sich Michael. Also wechselte er in die Kundenbetreuung, war etliche Jahre in Deutschland, Holland, Österreich und der Schweiz unterwegs. Später war Michael technischer Berater für eine andere Spezialdruckerei und betreute große Konzerne. „Über mehrere Jahre bin ich nur gereist. Sechs Tage in der Woche war ich weg", sagt er. Für Freunde, seine Frau und die zwei gemeinsamen Kinder keine schöne Sache. Auch wenn er großen Spaß an seiner beratenden und kreativen Arbeit hatte, musste er erneut einen Schnitt machen.

Dinge ausprobieren, sich selbst kennenlernen

Dass Michael in seiner beruflichen Laufbahn viel ausprobiert hat, sieht er nicht als Nachteil. Es sei nicht so, dass er nicht gewusst habe, was er machen wollte. „Ich bin mir immer treu geblieben. Ich habe zwar auch Dinge gemacht, die nicht meins waren, so wie die Arbeit als Operator. Aber das war wichtig." Auf diese Weise habe er gelernt, was ihn erfüllt und was nicht. Er hat sich selbst besser kennengelernt.

Während der Jahre als Betreuer für Menschen mit psychischer Beeinträchtigung und anschließend als Key Account hatte er sich unglaublich viel Wissen über Kommunikationstechniken und Psychologie angeeignet. Er las immens viel darüber, besuchte etliche Seminare und absolvierte viele Trainings. Die meisten Dozenten seien didaktisch nicht gut gewesen, sondern hätten eine große Show veranstaltet. „Ich spürte, nein, ich wusste, wie es besser geht, wie man Dinge auch anders, besser und eindringlicher vermitteln kann. Was viele Trainer verkaufen, klingt nett, entspricht aber oft nicht der Realität. Menschen funktionieren nicht nach Schema F." Die Idee war geboren, als Kommunikationstrainer Wissen zu vermitteln.

Zunächst referierte Michael vor Freunden am Küchentisch, die ihm ihre Meinung sagen sollten. Den nächsten Abend organisierte er als offenes Seminar. Das Ganze entwickelte sich Schritt für Schritt. Schnell merkte Michael, dass es den Zuhörern gefiel, was er ihnen über Kommunikation zu sagen hatte. Und dass ihn seine neue Beschäftigung glücklich machte. Um das herauszufinden, brauchte Michael vier Jahrzehnte; sein heutiges Wirken ist die Essenz dieser reichhaltigen Zeit.

Heute gibt Michael Seminare und Workshops, arbeitet als Coach und Redner. Zwischendurch organisiert er Kulturveranstaltungen – noch eine Leidenschaft, die er für sich entdeckt hat. Und weil er gern mit Kindern und Jugendlichen arbeitet, leitet er Pfadfinder-Ferienlager. „Ich habe mit der Kommunikation meinen Hauptstrang gefunden, aber es darf Ausflüge geben. Jedes Jahr soll etwas Neues dazukommen", sagt Michael. Zum Beispiel gibt er lyrische Lesungen und hat einen literarischen Salon ins Leben gerufen.

Morgen kannst du besser sein

Zu lernen und zu lehren macht Michael glücklich. Glücklich ist er aber auch, weil er vieles gelernt hat. Dass zum Beispiel Fehler passieren dürfen und dass sie nicht weiter schlimm sind. Wir selbst sind uns in den allermeisten Fällen die größten, häufig unbarmherzigen Kritiker. Michael hat gelernt, sich selbst gegenüber milde und gelassen zu sein, sich selbst anzunehmen. „Ich bin ein Wesen mit Macken und Defiziten. Aber ich bin gut, wie ich bin. Morgen werde ich besser sein, weil ich es will", sagt Michael. Für ihn ist Selbstliebe der Schlüssel zu allem. Ein wichtiger Bestandteil der Selbstliebe sei es, nicht in Selbstzweifel zu verfallen. „Fragen wie ‚Warum ist das ausgerechnet mir passiert?' oder ‚Warum mache ich das bloß immer wieder?' bringen dich nicht weiter. Das Gehirn aber merkt sich solche Sätze", sagt er. Es spult sie immer wieder ab, teils unbewusst. Sie werden ein Teil von dir, werden deine Wahrheit. Und wegen der selektiven Wahrnehmung begegnest du immer wieder Menschen oder gerätst in Situationen, die dich in genau dieser Meinung bestätigen. „Unser Gehirn versteht Negationen nicht. Sag dem Kind: ‚Fall nicht hin.‘ – was hat es dann im Kopf? Das Hinfallen! Sag stattdessen: ‚Halte dich gut fest.‘" Bevor Michael auf die Bühne geht, sagt er sich im Geiste nicht, dass er keinen Fehler machen will. „Ich sage mir: ‚Ich werde heute viel Spaß haben.‘ Auch an solchen Tagen passieren Fehler. Aber sie fallen dann nicht ins Gewicht."

Alles, was passiert, ergibt Sinn

Viele Menschen fokussieren sich viel zu sehr auf die schlechten Dinge, die ihnen passieren. Wieder: selektive Wahrnehmung. Ihr Gehirn filtert entsprechend ihrer aktuellen Perspektive das Erlebte, weil es gern recht hat. Und unser Unterbewusstsein sorgt dafür, dass es recht behält. „Viele vergessen zu schauen, was ihnen am Tag Gutes passiert", sagt Michael. Das kann ein tolles Gespräch sein, eine schöne Begegnung, die Tatsache, dass die Sonne scheint. „Das ist keine naive Sichtweise, sondern eine sehr konstruktive. Wenn ich an einer roten Ampel stehe, denke ich, dass ich eine Pause geschenkt bekommen habe", sagt Michael.

Nach seiner Weltsicht hat alles, das geschieht, eine Bedeutung, die man vielleicht erst später versteht. „Aus den negativen Erlebnissen in meinem Leben habe ich viel gelernt. So weiß ich Dinge, die ich sonst nicht gewusst hätte", sagt er. Früher habe er hohe Erwartungen an andere Menschen gestellt, sei er sehr verkrampft und sich selbst ein großer Kritiker gewesen. Er hat eine depressive Phase durchlebt, in der es ihm schlecht ging. Ihm sei klar gewesen, dass er etwas anders machen musste. Also habe er sich Hilfe geholt und viel gelesen. „Der Buddhismus hat mich gelehrt, dass das, was ich denke, nicht immer das Optimum sein muss. Es gibt auch andere Sichtweisen. Die wenigsten Menschen tun, was sie tun, aus Boshaftigkeit. Sie reagieren logisch aufgrund ihrer Erfahrungen und ihrer Lebensgeschichte. Und wenn du ihre Logik nicht verstehst, ist es ein Leichtes, den Menschen und sein Verhalten zu verurteilen", sagt Michael. Wenn die Dinge nicht so laufen, wie du es willst, solltest du nach seiner Auffassung deine Einstellung ändern: zu Menschen, zum Leben, zu dem, was du erwartest.

Mit einer neuen Einstellung – einem neuen Filter – ändert sich vieles. „Das Destruktive nimmt ab. Du triffst mehr Leute, die sich auch auf den Weg machen. Es liegt alles bei dir. Wie du denkst, welche Haltung zum Leben du hast", sagt Michael. Es sei nicht dienlich, mit sich zu hadern und sich vorzuwerfen, gewisse Dinge nicht früher schon gewusst zu haben. „Du hast zu jedem Zeitpunkt mit deinem damaligen Wissen und aus deinen damaligen Werten Entscheidungen getroffen. Bestimmte Dinge hast du damals einfach nicht gewusst. Sein Selbst von damals mit dem Wissen von heute zu bewerten, ist schlicht unfair."

Es sei wichtig, seine Gedanken zu stoppen, wenn sie ins Negative driften. Das heißt auch: hinzuhören und hinzuschauen, was in einem vorgeht.

Sich selbst und seinen unangenehmen Gefühlen mit Wohlwollen zu begegnen.

Selbstliebe ist für Michael essenziell. Er sagt, er befinde sich, was das angeht, immer noch in einem Lernprozess. Doch hält er es aufgrund seiner Erfahrung für wichtig, Milde walten zu lassen: „Sprich mit dir, wie mit einem Kind, das du magst. Einfach netter. Wenn du dir ständig sagst, du schaffst dieses oder jenes nicht, dann manifestiert sich dieser Gedanke. Es kann sein, dass du eine Aufgabe nicht sofort meistern kannst. Aber die Wahrscheinlichkeit, dass du es tatsächlich nicht schaffst, ist höher, wenn du es dir vorher einredest."

Negative Gefühle ablegen

Ähnlich verhält es sich mit Gefühlen des Hasses: Wenn du jemanden nicht ausstehen kannst, bist du derjenige, der mit diesen Gefühlen herumläuft. Du trägst Negatives mit dir herum, während der andere vielleicht nicht einmal etwas davon weiß. „Neurologisch ist erwiesen, dass bei Hass die gleichen Hirnregionen aktiv sind wie bei Liebe. Für das Gehirn ist es egal, ob du jemanden liebst oder hasst. Daraus folgt sowohl in der Psychologie als auch im Buddhismus: Wenn du jemanden hasst, sorgst du dafür, dass du mit ihm verbunden bleibst", sagt Michael.

Es gibt da diese Geschichte von zwei Mönchen auf Wanderschaft. Sie gelangen an einen Fluss, den sie überqueren wollen und sehen dort eine Frau. Auch sie will an das andere Ufer, doch ohne ihre schönen Kleider zu beschädigen. Der ältere der beiden Mönche geht zu ihr, hebt sie auf seine

Schultern, watet mit ihr durchs Wasser und setzt sie am gegenüberliegenden Flussufer ab. Auch der jüngere Mönch überquert den Fluss; zu zweit setzen die Mönche ihre Wanderung fort. Eine Stunde später kritisiert der Jüngere seinen älteren Kameraden: „Wie konntest du das tun? Wir dürfen keinen Kontakt mit Frauen haben oder mit ihnen sprechen. Und du hast sie sogar berührt." Der ältere Mönch hört den Worten des anderen zu und antwortet ruhig: „Ich habe die Frau vor einer Stunde am Fluss abgesetzt. Wieso trägst du sie immer noch mit dir herum?"

Jeder kämpft mit dem gleichen Selbstbild

So ist es auch mit negativen Erlebnissen, die uns im Laufe unseres Lebens begegnen. Wir müssen sie nicht mit uns herumschleppen. „Man muss etwas Schlechtes nicht gutheißen. Aber es ist passiert. Schließe damit ab", sagt Michael. Es sei entscheidend, sich immer wieder bewusst zu machen: Ich selbst bin Chef in meinem Haus – sprich: Kopf. Das lässt sich auf verschiedene negative Gedanken übertragen. Auch das Vergleichen mit anderen sorgt für schlechte Stimmung. Jedoch sehen wir nach Michaels Worten von anderen Menschen auch nur das, was sie uns sehen lassen wollen. Andererseits denken wir, dass die anderen uns mit all unseren Fehlern sehen, obwohl auch wir selbst nur das zeigen, was wir zeigen wollen. „Jeder kämpft mit dem gleichen Selbstbild", sagt Michael. „Es wird immer Menschen geben, die das machen, was ich mache, und die das besser machen. Aber die sind nicht ich. Ich tue, was ich tue, nach meiner Art. Ich muss mich mit niemandem messen. Ich muss nicht beweisen, dass ich besser bin. Im Gegenteil, ich kann zugeben, wenn jemand in einem Bereich versierter ist. Das macht mich nicht schlechter."

Das bedeutet nicht, dass du dort stehenbleibst, wo du bist. Du kannst mehr lernen, dir mehr Wissen aneignen, Situationen erleben, die du noch nicht erlebt hast, wenn du es möchtest. Tue dies mit einem Lächeln. Nimm deine Marotten nicht zu ernst, lerne, über sie zu lachen. Fange an, dich selbst zu mögen. Fange bei dir an. Dich selbst zu mögen ist die Erlaubnis an andere, dies auch zu tun, es ebnet den Weg.

Übung

Lerne etwas Neues

Gibt es etwas, das du schon immer erfahren oder lernen wolltest? Vielleicht wolltest du Gitarre spielen lernen oder eine neue Sprache? Möglicherweise gibt es eine Sportart, die dich schon lange begeistert, die du aber noch nicht ausprobiert hast.

Schreibe fünf Dinge auf, die du gern lernen würdest, und wähle aus dieser Liste das, was dich am meisten in Hochstimmung versetzt. Informiere dich, wie und wo du die Sportart oder die Sprache oder etwas ganz anderes lernen kannst. Fange an!

Selbstliebe und Sexualität

Selbstliebe betrifft alle Bereiche deines Lebens. Wenn du unzufrieden mit dir selbst bist, triffst du Entscheidungen, die dich in einen ungeliebten Job, eine unausgeglichene Beziehung oder in unangenehme Situationen bringen. Selbstliebe hat auch viel mit dem Körperlichen zu tun. Der eigene Körper und die eigene Sexualität sind jedoch oft mit viel Scham, Schuld oder Minderwertigkeitsgefühlen verbunden. Die meisten von uns fragen sich: „Bin ich richtig?", „Ist das normal?" – doch niemand beantwortet diese Fragen, weil kaum jemand über Sexualität spricht.

Wir sind offen und tolerant, wenn es um entblößte Körperteile in den Medien geht. Doch sobald es uns selbst etwas angeht, steigt uns die Schamesröte ins Gesicht. Und schon vergleichen wir uns mit den perfekten Menschen mit vermeintlich perfekten Körpern, die uns die Werbung als das Nonplusultra präsentiert.

Zeige dich, wie du bist

Viele Menschen leben ihre Sexualität nicht aus, weil sie sich selbst im Grunde ihres Herzens nicht mögen. Sie denken, sie seien nicht liebenswert. Sie haben Angst davor, abgelehnt oder verlassen zu werden. Und das führt nach Worten von Coach Nadine Bose (Rise and Shine Berlin) zu einer Sexualität, in der es nur um den Orgasmus geht und nicht um das wahre Ich der Liebenden. „Und so verstecken wir uns hinter Masken und Rollen und verbiegen uns, um dem Partner zu gefallen, haben Sex, ohne ihn wirklich zu wollen, in Positionen, die uns nicht gefallen, und bleiben zurück mit einem Gefühl der Leere, der Trauer, des Alleinseins. Wir haben uns verlassen und verletzt, um vom anderen nicht verlassen zu werden. Um eine Wiederholung des Schmerzes der Vergangenheit (Kindheit) zu vermeiden. Doch was hat das mit Liebe zu tun? Wo bleiben da der Spaß, die Leichtigkeit und die tiefe Intimität, nach der wir uns innerlich so sehr sehnen?", schreibt Nadine.

Nach ihrer Auffassung gibt Selbstliebe die Freiheit, so zu sein und sich so zu zeigen, wie man ist. Mit all seinen Wünschen, Vorstellungen und Eigenschaften, aber auch mit seinen Grenzen, Ängsten und Blockaden.

Kenne und respektiere deine Wünsche

Wenn du mehr Selbstliebe in deine Sexualität integrieren möchtest, fange damit an, dass du eine Liste anlegst. Schreibe alles auf, was du dir wünschst und gern ausprobieren würdest. Es geht auch hier um die Frage, was DU möchtest, was deine Bedürfnisse sind, was dir wichtig ist. Wenn du deine Wünsche kennst, ist es einfacher, sie auch zu erfüllen. „Selbstliebe bedeutet, die Wahrheit zu sagen, sich mit seinen Gefühlen und Wünschen zu respektieren und gut für sich zu sorgen", sagt Nadine. Das beinhaltet auch, mit deinem (zukünftigen) Partner über deine Wünsche und

Ängste zu sprechen. „Erst wenn wir uns verletzlich machen und uns nackt zeigen, kann wahre Intimität entstehen", stellt Nadine fest.

Ihren Worten zufolge sollte Sexualität nicht so ernst sein. Wir sollten aufhören zu analysieren und zu kritisieren. Intimität passiert nicht auf der Verstandesebene, ebenso wie echte Liebe ein Gefühl ist und keine rationale Entscheidung. Um Gefühle zuzulassen – sich selbst oder dem Partner gegenüber –, braucht es Zeit, Ruhe, Nähe. „Hört auf euch selbst und kommuniziert eure Wünsche, eure Ängste und eure Grenzen. Schafft einen Raum des Vertrauens für Authentizität und wahre Intimität. Lasst eure Liebe wachsen, zu euch selbst und eurem Partner. Es geht um Sinnlichkeit, Berührung und bewusstes Atmen", sagt Nadine.

Viele atmen unvollständig und verkrampft, wie sie immer wieder feststellt. Du solltest die Atemluft ohne Anstrengung in Bauch und Becken hineinströmen lassen; so fließt der Atem durch den gesamten Körper. Diesen darfst du näher kennenlernen und auch ohne Partner erkunden. „Wann hast du dir das letzte Mal wirklich Zeit für dich genommen, Musik angemacht, den Raum verdunkelt und Kerzen angezündet (...) und dann langsam begonnen, dich zu berühren, dich vielleicht zunächst (mit Öl) zu massieren und jede Berührung wahrzunehmen und was sie in dir auslöst?", fragt Nadine. „Wann hast du dich das letzte Mal auf Entdeckungstour zu dir selbst begeben?"

Jennifer Wolff

Jennifer hat sich eine ganze Weile angepasst. Sie hat ihrem Körper geschadet, um mehr auszusehen wie das weibliche Ideal. Nach und nach hat sie jedoch gelernt, sich selbst und jeden Zentimeter ihres Körpers anzunehmen. Doch das war eine lange Entwicklung mit dem einen oder anderen Umweg.

Als kleines Mädchen war Jennifer sehr aktiv, sie wollte vieles ausprobieren, war neugierig und stand häufig im Mittelpunkt. Als Einzelkind hat sie viel Aufmerksamkeit von ihrer Mutter und ihrer Großmutter bekommen. „Mein Vater war zwar da, aber anscheinend nicht so, wie ich es gebraucht oder gewollt hätte", sagt sie. Als Jennifer zehn Jahre alt war, begann für sie ein neuer Lebensabschnitt: Die Familie zog um, Jennifer kam an eine weiterführende Schule und ihr Körper fing an, sich zu verändern. Es war zu viel Veränderung auf einmal. „Ich war überfordert, besonders mit meinem Körper", sagte sie. Um sich zu beruhigen, hat Jennifer gegessen. Und das selbstbewusste Mädchen zog sich mehr und mehr zurück.

Erste Diät im Jugendalter

Als Jennifer 15 Jahre alt war, machte ihre Mutter eine Diät. „Und weil ich ein bisschen Speck angesetzt hatte, dachte ich, ich mache einfach mal mit. Von da an habe ich eine Diät nach der anderen ausprobiert – mit dem Ziel, einfach nur dünn zu sein", sagt sie.

So geht es vielen Jugendlichen. Die Veränderungen in der Pubertät machen ihnen zu schaffen. Nur die Hälfte der Mädchen und zwei Drittel der Jungen, die in einer Studie befragt wurden, sind mit ihrem Körper zufrieden. Zudem spielt das Gewicht in der Wahrnehmung eine entscheidende Rolle: Etwa 80 Prozent der befragten Jugendlichen sehen einen Zusammenhang zwischen Beliebtheit und Dünn-sein. Deshalb kontrollieren viele Mädchen ihr Gewicht. Schon jede zehnte Elfjährige und jede vierte Zwölfjährige sagt, sie habe eine Diät gemacht, um abzunehmen. Dabei haben 80 bis 90 Prozent aller Diäten keinen Erfolg. Die meisten, die ihre Nahrungszufuhr reduzieren, nehmen wieder zu und wiegen nach der Diät häufig mehr als vorher.

Bei einer Diät ändert sich nichts an der Ursache des Übergewichts. „Wer das Nahrungsangebot künstlich verknappt, aktiviert dadurch nur wieder sein Stresssystem – und isst bald schon wieder so viel wie vor der Diät", wird Hirnforscher Achim Peters in einem Interview mit dem Spiegel zitiert.

Von den Jungs bekam sie Bestätigung

Wer sich selbst nicht mag, wird sich auch in einem schlanken Körper unwohl fühlen. Es gilt also, einen freundlichen Umgang mit sich selbst zu pflegen und nicht eine Diät nach der anderen zu machen. Das hat auch Jennifer nach einer Weile verstanden. Doch bis es soweit war, haben ihr die Diäten Halt und Kraft gegeben. „Ich kam bei den Jungs ganz gut an. Die Bestätigung, die ich erhalten habe, war der Indikator für meinen Selbstwert", sagt sie rückblickend.

Sie war abhängig von der äußeren Bestätigung und hat sich und ihren Körper gequält, um angenommen zu werden. Selbst ihre ersten sexuellen

Erfahrungen waren von dieser Abhängigkeit geprägt: „Es war ein unausgesprochener Tauschhandel: Zuneigung und Bestätigung gegen Sex. Und der war nicht wirklich befriedigend." Jennifer war bemüht, es allen recht zu machen – den Männern in ihrem Leben, aber auch allen anderen Menschen – und nicht negativ aufzufallen. Das ging so weit, dass sie überhaupt nicht mehr auffallen wollte.

Schritt für Schritt zurück zu sich selbst

Viele Jahre war sie nicht sie selbst, auch als sie Foto- und Kommunikationsdesign studierte. Erst eine weitere Veränderung – der Umzug von Nordrhein-Westfalen nach Berlin – brachte sie zum Umdenken. „Ich habe angefangen zu reflektieren, eine Therapie wegen meiner Essstörung angefangen und Bücher über die menschliche Psyche und Spiritualität gelesen. Und das brachte mich Schritt für Schritt zu der Person, die ich jetzt bin", sagt Jennifer.

Heute hilft sie anderen Frauen dabei, ihre Körper neu zu entdecken und das Sexleben zu haben, das sie sich wünschen. Heute beschäftigt sie sich immer weniger damit, was andere Menschen über sie denken, und hat mehr Raum für ihre eigene Meinung. Heute ist sie dankbar für alles, was ist und was war. Denn ohne ihren Diätenmarathon hätte sie nicht angefangen, sich mit ihrem Körper auseinanderzusetzen, sich selbst zu erforschen. „Und das ist wirklich ein Geschenk", sagt Jennifer. „Sicher habe auch ich meine ‚Baustellen' und denke manchmal, es könnte schneller vorangehen. Aber es passiert immer so viel, wie ich gerade verarbeiten kann. Und ich lerne immer mehr, diesen Weg vollkommen zu genießen und mir vor Augen zu führen, wie weit ich gekommen bin. Ich bin jetzt so sehr mit meinem Körper verbunden wie noch nie. Ich genieße Essen und erlaube mir, mir alles zu erlauben. Das ist für mich Reichtum."

Erfolge in puncto Selbstliebe hat Jennifer gesehen, als sie angefangen hat, sich mit sich selbst und ihrem Körper zu beschäftigen. Sie hat sich gefragt, was sie braucht und was ihr guttut. Je mehr sie sich von Dingen und Menschen verabschiedet hat, die ihr nicht gutgetan haben, umso mehr Selbstwert gewann sie zurück – und mit ihm mehr Selbstliebe.

Erfülltes Leben, erfüllte Sexualität

Die Fähigkeit, sich selbst vollkommen zu akzeptieren und zu lieben, sich in allen Facetten anzuerkennen, ist Voraussetzung für eine wirklich sinnliche Sexualität. Die Journalistin, Seminarleiterin und Autorin Gerti Samel schreibt dazu: „Jeder Mensch, der sich auf die Suche nach sich selbst begibt, wird irgendwann bei der Erkenntnis landen, dass Selbstliebe der Zugang zu allem ist, was er sucht. (...) Sobald wir beginnen, uns zu lieben, beginnen alle in uns angelegten Talente zu erwachen und sich zu entwickeln. Letztlich warten wir nur darauf, uns endlich selbst lieben zu können, weil sich damit unser Leben erfüllt und unsere Sexualität erfüllend wird. Sich zu lieben heißt nicht, sich immer toll zu finden.

Damit wären wir unehrlich zu uns selbst, schließlich machen wir ständig Fehler, haben Schwächen und Unzulänglichkeiten. Wer seine Unvollkommenheit abstreitet oder sogar mit ihr prahlt oder sie hervorhebt, ist weit davon entfernt, sich zu lieben. Egozentrik, Egomanie, Imponiergehabe, Selbstverliebtheit und Selbstsucht oder auch Geltungssucht entstehen, wenn wir uns als vollkommen oder großartig verherrlichen. Ein solches Verhalten entspringt eher einer nicht vorhandenen Selbstliebe. (...) Menschen, denen es an Selbstannahme und Selbstliebe fehlt, werden oft als Fass ohne Boden beschrieben. Sie kompensieren ihre innere Leere, indem sie ihr Ego aufblähen.

Selbstliebe zeigt sich durch eine bestimmte Art und Weise, mit sich umzugehen, durch eine Haltung bedingungsloser Annahme seiner selbst. Man ist ehrlich mit sich selbst, spürt eine respektvolle Verbundenheit mit sich und der Welt, und zwar unabhängig davon, wie toll oder unzulänglich oder hilflos und schwach man sich gerade fühlt. Menschen, die sich selbst lieben, strahlen inneren Frieden aus. Sie haben eine positive Ausstrahlung, sie gehen, sitzen und stehen aufrecht. Sie atmen meistens ruhig und tief. Man fühlt sich wohl, wenn man mit ihnen zusammen ist. Menschen voller Selbstliebe sind ausgeglichen, meistens gut drauf und wirken sehr natürlich. Nichts an ihnen wirkt künstlich oder irgendwie gestelzt. (...) Mit ihrer Selbstliebe nähren sie die göttliche Energie in sich, und daraus ergibt sich wie von selbst ein neuer Zugang zur Sexualität. Nur zwei mit ihrem eigenen Göttlichen verbundene Liebende können den Liebesakt als Verschmelzung zweier Körper und zweier göttlicher Seelen verstehen, die sich energetisch nähren und erneuern."

Das, was Gerti als Selbstliebe definiert, ist Freiheit und Fülle. Es geht dann nicht mehr darum, irgendwo hineinzupassen und jemandem zu gefallen. „Wir selbst gefallen uns, und darauf kommt es an", stellt Jennifer fest.

Sie ist immer wieder erstaunt, wie verklemmt viele Menschen in Bezug auf Sexualität sind – trotz der Fülle an sexuellen und pornografischen Inhalten im Internet. „Ich höre immer wieder davon, dass etwas zu intim sei. Aber nur, weil etwas intim ist, heißt es nicht, dass es zum Tabu werden sollte", sagt Jennifer. Sie selbst hat in ihrer Familie keine Nähe und Intimität kennengelernt. Aufklärung? Fehlanzeige. Auch deshalb war sie in der Pubertät überfordert, als ihre Lust zum Vorschein kam. „Oft fangen wir an, Gefühle und Lust zu unterdrücken. Der Kontakt zu unserem Körper geht dadurch verloren. Das hat zur Folge, dass wir gar nicht mehr wissen, was uns gefällt und was wir nicht wollen", stellt sie fest.

Das Vergleichen sein lassen

Doch wenn du selbst nicht weißt, was du willst und brauchst: Wer soll es wissen? Viele möchten dann, dass der Partner errät, was ihnen gefällt. Sie haben große Erwartungen und finden dennoch keine Befriedigung, weil sie keine Ahnung haben, was sie befriedigt.

Sich selbst anzunehmen fängt damit an, sich nicht ständig und überall mit anderen Menschen zu vergleichen. Wie oft läufst du durch die Stadt, siehst eine attraktive Person und denkst, dass sie (oder er) viel schöner, schlanker oder sportlicher ist als du? Wenn du vergleichst, achtest du auf Details, die dich vom anderen unterscheiden. Du bewertest diese Details dann mit „besser" oder „schlechter". Diese Bewertungsmaschine gar nicht erst in Gang zu setzen, ist eine Kunst. Sie gelingt dir zum Beispiel, indem du nicht auf die Unterschiede achtest, sondern auf die Ähnlichkeiten zwischen dir und deinem Gegenüber.

Du hast einen Körper, du bist nicht dein Körper. Ja, du kannst bestimmte Dinge ändern, wenn du dich zum Beispiel mit deinem Gewicht nicht ganz wohlfühlst. Doch du darfst akzeptieren, welchen Körper du jetzt hast. Spüre deinen Körper, schaue ihn an, wie er gerade ist. Scheue dich nicht, zu Hause alle Kleidungsstücke abzulegen und mal eine Stunde lang nackt zu sein. Betrachte dies als Erfahrung und erledige ohne Kleidung gewöhnliche Aufgaben. Den Müll rauszutragen, wäre vielleicht keine so gute Idee ... Erlaube dir zu sein, dich selbst zu fühlen. Wie ist das für dich? Kannst du das Nacktsein genießen? Verhältst du dich anders als bekleidet? Dies ist eine gute Übung, um deinen Körper kennenzulernen.

Nackt schlafen macht sexy

Jennifer schläft seit einiger Zeit nur noch im Evakostüm. Das erhöht zum einen die Schlafqualität: Nachts kühlt der Körper automatisch ab; das fällt ihm leichter, wenn man keinen Schlafanzug oder Bettsocken trägt. Wer bekleidet oder bei zu hoher Raumtemperatur schläft, wacht häufiger auf und schläft nicht so fest. Gynäkologen raten Frauen zudem, vor dem Schlafengehen das Höschen auszuziehen. Die Vagina wird in Unterwäsche nicht ausreichend belüftet und das feuchtwarme Klima bildet einen Nährboden für Bakterien. „Außerdem macht nackt schlafen sexy", sagt Jennifer. „Du bist stärker verbunden mit deinem Körper und bekommst ein besseres Körpergefühl."

Nackt schlafen ist nicht für Frauen ratsam: Männer, die vor allem in eng anliegenden Boxershorts schlafen, überhitzen ihre Testikel. Und das kann sogar die Qualität des Spermas mindern. Zudem sind Paare, die nackt schlafen, zufriedener als jene, die nachts Pyjama tragen. Das belegt eine Studie. „Mit dem Partner nackt im Bett zu sein, ist auf physischer und emotionaler Ebene eine intime Angelegenheit. So signalisieren Partner, dass sie dem anderen nah sein wollen und es grünes Licht für Sex gibt. Diese Intimität stärkt Beziehungen und macht sie stark für stressige Alltagssituationen und Herausforderungen", wird Therapeutin Amber Madison in einem Artikel zu der Studie zitiert.

Zeit für sich selbst

Oft hetzen wir durch den Alltag, erledigen Dinge im Job und zu Hause. Wir sind Meister im Planen und Machen, vergessen aber häufig uns selbst dabei. Zeit ist ein wichtiger Faktor, wenn es um Selbstliebe geht. Und wenn es dir schwerfällt, dich mit dir selbst zu beschäftigen, kannst du laut Jennifer für den Anfang einen Wecker stellen, der nach 30 Minuten klingelt. In dieser Zeit kannst du es dir im Bett oder auf dem Sofa bequem machen. Verbringe einfach nur Zeit mit dir selbst – bei schöner Musik, eingekuschelt in eine Decke. Gestalte deine 30 Minuten so, wie du möchtest. Frage dich, was du willst, was du gut findest. „Das gibt ein riesiges Freiheitsgefühl", sagt Jennifer.

Für sie heißt Selbstliebe, mit sich zufrieden zu sein. „Das bedeutet nicht, dass ich nichts an mir verändern will. Aber daraus sollte kein Druck entstehen." Was gibt es jetzt schon, was du toll findest – an dir selbst, an deinen Lebensumständen? Es gibt sicher eine ganze Menge. „Wir müssen nur lernen, mehr von den guten Dingen zu sehen, anstatt das, was wir noch nicht haben oder sind", stellt Jennifer fest.

Gehe entspannt und liebevoll mit dir selbst um. Sprich mit dir selbst wie mit einem guten Freund. Mit Kleinigkeiten, die du in deinen Alltag integrierst, kannst du vieles verändern.

Übung + Tipp

Atemübung

Stelle oder setze dich gerade hin, sodass Kopf und Rücken gerade sind. Schließe die Augen und lege beide Hände auf deinen Bauch. Atme langsam und bewusst in den Bauch, sodass sich die Bauchdecke beim Ein- und Ausatmen bewegt. Versuche nun, immer tiefer und langsamer in den Bauch zu atmen. Richte die Aufmerksamkeit auf die Bauchdecke und versuche, diese immer lockerer zu lassen.

Atme ein, wenn du den Impuls zum Einatmen spürst. Atme aus, wenn du den Impuls zum Ausatmen wahrnimmst. Dadurch bekommst du nach und nach ein Gefühl für deine natürliche Atmung. Diese wird mit der Zeit immer ruhiger, sodass sich dein Bauch vom Solarplexus bis hin zu den Genitalien sanft und entspannt bewegt. Nimm dir für diese Atemübung 10 bis 20 Minuten Zeit.

Bewegung

Integriere so viel Bewegung in deinen Alltag, wie es nur geht. Bewege dich am besten draußen. Lass das Auto stehen und GEHE einkaufen. Mach keinen Sport, nur um abzunehmen. Das macht auf Dauer nicht glücklich. Probiere unterschiedliche Dinge aus. Suche nach der Art Bewegung, die dir Freude bereitet. Du wirst schon etwas finden, das dir gefällt.

Selbstliebe und Bestimmung

Wenn du anfängst, dich selbst zu lieben, verändert sich vieles in deinem Leben. Du bist netter und achtsamer dir selbst gegenüber. Du kennst deine Bedürfnisse und erfüllst sie mehr und mehr. Du lernst Neues und findest mehr Dinge, die dich erfüllen.

Bestimmung ist für viele ein sehr großes Wort, etwas schwer Greifbares. Doch (berufliche) Erfüllung heißt nichts anderes, als dass du etwas tust, das dir wichtig ist, weil du dir selbst wichtig bist. Wenn du deine Bestimmung kennst, kennst du dich selbst. Du siehst deine Fähigkeiten und Talente als Geschenk. Und dann hat das Leben einen Sinn für dich.

„Ach was", wirst du vielleicht sagen. „Nicht jeder hat eine Berufung. Andere vielleicht, aber ich nicht."

Nach dem Ausschau halten, was Freude macht

Jeder hat (mindestens) eine Berufung. Jeder hat einzigartige Fähigkeiten und Eigenschaften und Talente, die ihn ausmachen. Du musst kein zweiter Steve Jobs, keine zweite Oprah Winfrey werden. Sei einfach nur du selbst und tue das, was dir am meisten Freude bereitet, was den allermeisten Sinn für dich ergibt.

Bestimmung und Selbstliebe haben sehr viel miteinander zu tun. Die

Frage ist bloß, ob du dir selbst erlaubst, das zu tun, was du wirklich willst. Denn häufig gestatten wir uns selbst nicht, unser Potenzial auszuleben, weil uns Überzeugungen wie „Ich bin nicht gut genug" oder „Ich kann das nicht" hindern.

Je mehr du dich selbst akzeptierst und liebst, umso wahrscheinlicher ist es, dass du deine Bestimmung entdeckst und lebst. Je mehr du alle Seiten an dir annimmst, umso leiser wird dein innerer Kritiker. Je näher du dir selbst bist, umso mehr Lebensfreude spürst du. Und Freude leitet dich letztlich zu dem, was natürlich für dich ist. Was dir leichtfällt. Was deine Bestimmung ist.

Raho Bornhorst

Rahos Weg zur Selbstliebe war lang und geprägt von Herausforderungen, Rückschlägen und immer wieder neuen Lernerfahrungen. Es war gleichzeitig ein Weg zu seiner Bestimmung, zu mehr Lebensfreude und zum Erfolg. Selbstliebe ist für Raho nicht nur der Schlüssel zu persönlichem Glück, sondern auch zu Freiheit und Authentizität im beruflichen Kontext.

Rahos beruflicher Weg schien zunächst vorgezeichnet: Er ist in einer Bäckerdynastie aufgewachsen. Sein Vater war Bäcker und Großunternehmer, dessen Vater und Großvater hatten ebenfalls als Bäcker und Kaufleute gearbeitet. Raho half als Schüler in der Backstube mit und erlernte nach dem Abitur im Familienbetrieb das Backhandwerk. Mehrere Dinge verstand er zwischen Mehlsäcken und Knetmaschinen: dass er mit dem, was er tut, Geld verdienen kann. Dass Prinzipientreue wichtig ist, wenn etwas funktionieren soll, denn das Brot muss aus dem Ofen heraus, wenn es fertig ist. Und Raho merkte, dass er gern Neues lernt.

Ursprung von Glück

Er war ein interessiertes Kind, ein „helles Köpfchen", wie ihn sein Großvater nannte. Später, als sein Vater eine Pleite erlebte und Raho die unterschiedlichen Reaktionen seiner Mitmenschen erfuhr, fragte er sich, warum Menschen so sind, wie sie sind. Warum sie machen, was sie machen. Warum zum Beispiel einige Menschen in die Kirche gehen und andere nicht. Und warum manche von denen, die so tun, als gingen sie zum Beten, stattdessen die nächste Kneipe ansteuern.

Raho wollte hinter die Fassaden der Menschen blicken, er wollte verstehen. Und ihm wurde klar, dass er mit Menschen zu tun haben wollte, die authentisch sind. Glücklich. Menschen, die wirklich lieben. „Ich wollte wissen, wie man Ruhe und Gelassenheit entwickelt, wie man glücklich wird. Ich wusste, dass es nicht von der Religion abhängt, weil nicht jeder Gläubige glücklich ist. Auch das Geld spielt dabei keine Rolle, denn auch viele Reiche sind unglücklich. Aber ich wusste nicht, wovon das Glück wirklich abhängt", sagt Raho. Er beschäftigte sich in seinem BWL-Studium mit den Schwerpunkten Marketing, Personalpolitik und Psychologie mit verschiedenen Ansätzen, fand aber keine vollkommen befriedigenden Antworten. Raho entwickelte eine Ahnung davon, dass das Glück dann eintritt, wenn wir nach unseren individuellen Prägungen leben, wenn wir das, was uns ausmacht, erkennen und anerkennen.

Dinge tun, die man gut kann

Einerseits liegt Glück nach seiner Erkenntnis dort, wo es am leichtesten und am schönsten für einen selbst ist. Andererseits wird man zufrieden und glücklich, wenn man etwas erreicht, was man angestrebt hat. „Man muss auch etwas tun, um Glück zu erleben", sagt Raho. Deswegen gründete er noch als Student sein erstes Unternehmen: einen Verlag, mit dem er Bücher und CDs über Verkaufs- und Mentaltrainings berühmter Lehrer wie Brian Tracy und Deepak Chopra nach Deutschland und Europa holte, sie übersetzte, einsprach und an große deutsche Unternehmen verkaufte.

Ob Raho nun Bäcker war, Psychologe oder Unternehmer – sein ganzes Tun drehte sich immer wieder darum, das (Selbst)Bewusstsein zu vergrößern, dem Glück, Zufriedenheit und Erfolg folgen. „Ich habe gemerkt, dass ich tun muss, was ich liebe. Das hat ganz viel mit Selbstliebe zu tun. Die Leute, die nicht glücklich sind, haben immer irgendeinen Mangel an Selbstliebe, deren Vorstufe Selbstbewusstsein und Selbstwertschätzung sind", sagt Raho.

Von Mitte 20 bis Mitte 30 besuchte er unglaublich viele Seminare und machte verschiedene Ausbildungen: Kommunikation, neurolinguistisches Programmieren (NLP), Meditation, Massagen. Er hat sich zum Mentaltrainer ausbilden lassen, lernte viel über Autogenes Training und Bewusstseinsentfaltung. Er flog immer wieder in die USA, um von den Amerikanern zu lernen, die deutlich intensiver als die Deutschen Konzepte testen, die funktionieren – ob im Business oder in Beziehungen. Und er verstand, dass Dinge dann gut laufen, wenn Liebe da ist. „Wenn jemand sich selbst liebt, und damit in der Welt agiert, dann profitieren auch andere davon. Wenn aber jemand anfängt zu saufen oder Drogen zu nehmen, ist das meist ein Symptom für fehlende Erkenntnisse und oft fehlt dann auch die Selbstliebe", sagt Raho. Zwar seien Erfolg und kurzfristiges Glück auch ohne Selbstliebe möglich. Dauerhaft sei jedoch niemand glücklich, der sich und sein Leben nicht wirklich anerkennen und zutiefst lieben lernt.

Auch wenn sich Raho als junger Mann sehr viel mit Glück, Selbstliebe und Erfolg beschäftigte, wusste er nicht so recht, was er wollte. Mit seinem Verlag verdiente er sehr gut, diese Arbeit erfüllte ihn aber nicht. Im Laufe der Zeit eignete er sich ein umfassendes Wissen an: dazu, wie man erfolgreich wird, wie man gut verkauft und kommuniziert, wie man Probleme löst. Er absolvierte unzählige Seminare und Ausbildungen, um sich selbst und anderen zu Glück und Erfolg zu verhelfen. Jedoch war er damals selbst immer noch nicht vollends glücklich.

Ein Coach machte ihm bewusst, dass er vor oder hinter der Kamera stehen sollte, um sein Potenzial voll zu entfalten. „Ich interessierte mich für Massenmedien – deshalb hatte ich den Verlag gegründet", sagt Raho. Die Idee war, mithilfe von Videos mehr Menschen zu erreichen, weil Bewegtbilder Informationen und Botschaften oft eindrücklicher transportieren als Bücher und Audio-Kurse.

Aufhören, wenn sich etwas nicht stimmig anfühlt

Raho ging nach Los Angeles und belegte Sommerkurse an der School of Film and Television. „Dort habe ich Weltstars wie Ben Affleck kennengelernt. Die Kurse haben mich viel Geld gekostet, aber es war ein Akt der Selbstliebe", sagt der Diplomkaufmann. Er stand danach eine Weile für Homeshopping-Sender vor der Kamera, verkaufte erfolgreich Mobilfunkartikel aus Asien. Schnell merkte Raho jedoch, dass diese Tätigkeit keine dauerhafte Aufgabe sein würde: „Eigentlich wollte ich den Zuschauern sagen, dass sie frei sein können, frei von allen Ängsten. Dass sie bei sich selbst ansetzen und ihre Gedanken ändern können. Dass sie eine neue Haltung entwickeln können, wenn sie ihre Realität transformieren wollen." Doch das Format sah so etwas nicht vor. Und dann brachen die Lieferanten aus Asien ihren Vertrag und Raho merkte, dass dieser Kampf nicht sein Kampf war.

Er beschloss, ein Sabbatjahr zu machen und alles loszulassen, was er zwölf Jahre lang aufgebaut hatte. Er machte Schulden, weil er auf Reisen ging und in dieser Zeit nichts für seinen Bildungsverlag tat. Er kam zurück, reduzierte sein Hab und Gut, lebte fortan in einem kleinen Zimmer statt in einer riesigen Wohnung, die 2500 Euro im Monat kostete, verkaufte sein Luxusauto und fuhr Fahrrad. Er wollte mit ein paar hundert Euro im Monat auskommen können. „Ich dachte: Es geht doch! Es ist nur mein Kopf, der mir weismachen will, dass es peinlich ist, Hartz IV zu beziehen", sagt Raho.

Das Selbstbild ist wichtig, nicht wie andere einen sehen

Er sah sich selbst keineswegs als Versager. Er wollte glücklich sein und hatte kein Problem damit, wie ihn die Leute sahen. In jenen Monaten, als er kaum etwas hatte und die wichtigsten Gläubiger in minimalen Raten bezahlte, fühlte sich Raho frei. Weil er jeden Tag das tat, was er wollte. Weil er sich nicht mehr abrackerte und dem Stress mit viel Kaffee, Zigaretten und anderer Kompensation Herr zu werden versuchte.

Raho ging viel spazieren, meditierte, unterhielt sich mit Menschen, von denen er lernte. Er entwickelte eine Zuversicht, dass alles gut werden würde. Und das Schicksal brachte ihn mit Menschen und Meistern des Liebens zusammen. Er erhielt die Möglichkeit, die Geschäftsführung eines Meditationshauses im Elsass zu übernehmen und startete neu. Sieben Jahre lang reifte Raho dort als spiritueller Lehrer, flog jedes Jahr in die USA, um sich coachen zu lassen, Neues zu lernen, sich mit Menschen auszutauschen, die weiter waren als er oder die wie er innerlich weiter wachsen wollten. Diese vielen Begegnungen waren für ihn sehr nützlich und machten ihn zu dem, der er heute ist. „Ich mache heute nur noch, was ich gern mache, was für mich das Beste ist. Dadurch kann ich anderen helfen, das zu lernen, damit auch sie das tun können, was sie toll finden und was auf Dauer echte innere Freiheit und Erfüllung mit sich bringt."

Hingabe ist der Schlüssel zum Glück

Raho ist überzeugt, dass wir alles schrotten und verbrennen müssen, was nicht zur Selbstliebe gehört, wenn wir das Bestmögliche aus dem eigenen Leben machen wollen. Materielle Dinge, Beziehungen, alter Ballast, der uns besitzt und herunterzieht. Ja, das sei schwer. Schließlich lernen wir oft schon als Kinder, dass das Ansehen mit dem materiellen Besitz steigt. Wenn jedoch Hingabe fehlt – für unsere Arbeit, für den Liebesakt mit dem Partner, für einen Spaziergang und alle anderen alltäglichen Dinge – werden wir, so Rahos Erfahrung, auf Dauer nicht glücklich oder nie das größte Glück für uns selbst gewinnen. Und das hat auch zur Folge, dass wir es meistens auch anderen nicht zugestehen oder nicht einmal an unsere Kinder weitergeben können.

In seinen Seminaren und Online-Kursen plädiert Raho für radikale, hemmungslose Selbstliebe, für die vollkommene innere Hingabe, die uns zu dem führt, was unsere Bestimmung sein kann. Nicht im Geld, sondern im Flow liege der Schlüssel zum Glück. Und in der Gemeinschaft mit Menschen, die sich selbst lieben. „Wenn du unzufrieden bist und etwas verändern möchtest, schau, was dir guttut. Was möchtest du wirklich?", so Raho. „Gehe für einige Wochen oder Monate ganz woanders hin, auch ins Ausland, wenn dein Herz danach verlangt. Du hast so viele Möglichkeiten als Deutscher. Du wirst nicht verhungern. Wenn du eine Veränderung willst, musst du suchen, wie das für dich möglich wäre und solltest nicht der Angst, sondern dem Lächeln folgen, das sich in dir zeigen möchte. ‚Wer sucht, der findet‘, heißt es schon in der Bibel. Wenn du merkst, dass etwas richtig ist, musst du es machen. Dein Leben ändern kannst du nur, wenn du bereit bist und es machst", sagt Raho.

Für ihn ist Selbstliebe daher gesunder Egoismus: Du musst dich zuerst um dich selbst kümmern, um auch für andere Menschen voll da sein zu können. Wenn du dich selbst annimmst, wie du bist, überträgt sich das auf deinen Alltag und andere Menschen. Die Liebe ist laut Raho immer in dir. Es gilt herauszufinden, bei welcher Tätigkeit deine innere Freude, dein Lächeln, deine Liebe am größten ist, welche Aufgabe dich zum Lächeln bringt und was dich stolz macht. Auf diese Weise holst du das Glück in dein Leben.

Gib deiner Liebe Raum. Erlaube dir selbst, das zu tun, was deine Bestimmung ist. Jeder kann glücklich sein, wenn er bei sich selbst anfängt. Und wer das Glück in sich selbst gefunden hat, kann es mühelos mit anderen teilen.

Tipp + Übung

Achte auf (deine) Worte

Erlaube dir selbst, deine Liebe zu leben. Die Grenzen dafür sind dort, wo dich deine Gedanken begrenzen – und somit auch deine Worte. Oft sagen wir „Ich kann doch nicht ..." oder „Das ist nicht möglich" und schränken uns damit selbst ein. Beobachte deine Gedanken und deine Worte in solchen Situationen. Werde dir bewusst, dass du dir selbst Grenzen setzt.

Sage „und" statt „aber", etwa „Ich liebe mich und ich bin nicht ganz frei." Sage: „Bisher war es so, dass ich mich nicht geliebt habe und jetzt ändere ich genau das."

Achte auf deine Gedanken, denn sie werden Worte und verursachen Gefühle. Achte auf deine Worte und Gefühle, denn sie werden zu Handlungen. Achte auf deine Handlungen, denn sie werden Gewohnheiten. Achte auf deine Gewohnheiten, denn sie werden dein Charakter. Achte auf die Entfaltung deines Charakters, denn er formt dein Schicksal.

Achte auch darauf, wenn andere Menschen dich aufgrund ihrer Konditionierungen zu prägen versuchen. Oft hören wir „Das kannst du nicht machen", „Du kannst doch nicht einfach kündigen" oder „Du kannst doch ... nicht im Stich lassen."

Wenn du dich nicht liebst, bist du abhängig davon, was andere Menschen von dir denken. Löse dich von dem Gedanken, dass die Meinungen anderer dich fesseln. Mache dich frei. Liebe dich hemmungslos. Fange bei dir an. Wenn du dich selbst hemmungslos lieben würdest, was würdest du dann tun?

Erhebe dich über deine Probleme

Wenn du das Gefühl hast, in einer Sackgasse zu sein, kannst du dich darüber erheben und schauen, was der Ausweg sein kann. Das ist ganz wortwörtlich gemeint: Suche dir dort, wo du wohnst, einen Ort, der höher gelegen ist: einen Turm, einen Berg, ein Hochhaus mit Dachterrasse, eine Brücke. Wenn dir das nicht möglich ist, setze dich gerade hin, strecke deine Wirbelsäule. Nimm dir dafür 15 Minuten oder länger.

Atme tief ein und aus. Lenke deine Aufmerksamkeit in dein Inneres, mache dir klar, dass du voller Liebe bist, auch wenn dir dein Kopf vielleicht sagt, dass das doch alles Quatsch ist.

Wenn du dich innerlich erhebst, über deinen Kopf hinweggehst, bekommst du eine andere Perspektive und die Dinge ändern sich. Dann wird dir klar, dass du anders denkst, weil du anders siehst. Du erhebst dich über deine alltäglichen Probleme.

Selbstliebe und Gleichgewicht

Du bist geerdet und offen für Neues, dein Lebensweg ist klar. Du fühlst dich stark und in der Lage, deine Träume zu verwirklichen. Die innere Mitte ist das Gefühl zu dir selbst, das aus dem Herzen kommt, die Liebe zu dir selbst. Damit ist nicht übertriebene Eitelkeit gemeint, sondern ein Zugang zum eigenen Herzen und eine gewisse Selbstakzeptanz. So lässt sich die innere Mitte beschreiben, die jeder von uns in sich finden kann.

Was stört deine innere Balance?

Es gibt jedoch auch Dinge, die uns aus unserem inneren Gleichgewicht bringen können. Sie sind bei jedem Menschen unterschiedlich, schreibt Sozialpädagogin und Coach Christiane Gottschalk Steinbauer. „Um es verallgemeinernd zu sagen: Alles, was Angst macht oder Schuldgefühle hervorruft, kann uns aus unserer inneren Mitte stoßen." Für den einen ist das eine Spinne, vor der er Angst hat. Für den anderen zu viel Stress im Job. Es sei wichtig zu wissen, was unsere innere Balance stört. Nur so können wir zu ihr zurückfinden.

Und wenn es um das Finden der inneren Mitte geht, hat laut Gottschalk Steinbauer jeder seinen individuellen Weg. „Vielleicht ist es Yoga oder

Tai-Chi, das dir den Zugang zu dir selbst eröffnet. Vielleicht ist es Meditation."

Jeder sollte bei sich selbst anfangen. „Wenn ich mich beispielsweise mit jemandem gestritten habe, reicht es nicht, den Streit an sich oder den anderen verantwortlich zu machen", so die Sozialpädagogin weiter. Man müsse sich fragen, wo der wunde Punkt bei einem selbst sei. „Bin ich mit etwas noch nicht im Reinen, das durch den Streit aufgewühlt wurde? Eventuell liegt eine alte Verletzung vor, an die ich nun erinnert werde – und der aktuelle Streit hat eigentlich gar nichts mit dem echten Problem zu tun." Wenn du das Problem kennst, kannst du dich mit der Lösung beschäftigen und unter Umständen alte Konflikte in dir lösen, sodass dein Gleichgewicht nach dem Streit besser ist als vorher. Auf diese Weise helfen schwierige Situationen im Alltag, einen Schritt weiter zur inneren Mitte zu finden.

Regine Vollbehr

Die Erkenntnis, dass es so etwas wie eine innere Mitte gibt, kommt oft erst mit den Jahren. Sie als Kraftquelle der Selbstwahrnehmung und Selbstliebe zu nutzen, musste auch Regine erst lernen. Sie ist als Einzelkind in einfachen Verhältnissen groß geworden. Ihre Eltern konnten ihr finanziell nicht viel bieten, überschütteten sie jedoch mit Aufmerksamkeit. Regine stand im Mittelpunkt, alles drehte sich um die kleine Tochter. „Und so habe ich irgendwann nur noch mich gesehen und bin sehr ichbezogen geworden", sagt sie. Sie habe sich früher nie Gedanken darüber gemacht, wie es anderen Menschen mit ihrem Verhalten ging.

Negative Glaubensmuster aus der Kindheit

In der Schule war Regine nicht sonderlich ehrgeizig. Sie suchte Kontakt zu Mädchen aus gutem Hause, weil die Welt der aus ihrer damaligen Sicht „besseren" Gesellschaft sie faszinierte. Sie fing recht früh an, sich für Mode zu interessieren und zu schminken. „Ich hatte keinen Selbstwert, baute eine Fassade auf. Ich habe mich regelrecht getarnt. Mit 15 Jahren wurde ich auf 25 geschätzt", sagt sie. Die Ursachen für ihre mangelnde Selbstakzeptanz sieht sie in ihrer Kindheit. „Jeder erlebt in der Kindheit Situationen, in denen er negative Affirmationen zu hören bekommt. ‚Du kannst das nicht, lass das' oder ‚Du bist zu klein und zu dumm'. Sätze, die Eltern rausrutschen und die das Kind aufnimmt. Aus diesen von den Eltern unbedacht gesprochenen Worten nimmt jeder seine Glaubensmuster fürs Leben mit. So durfte ich mich nie wirklich ausprobieren und meine Grenzen kennenlernen. Ich habe mich klein und unfähig gefühlt. Mit der

Schminke und der eleganten Kleidung wollte ich mich schönmachen und mir eine Maske zaubern, hinter der ich mich verstecken konnte", sagt Regine.

Dank ihrer Fassade konnte sie vor der Außenwelt verstecken, wie es wirklich in ihr aussah. Auch vor den Jungs, die sich mehr und mehr für sie interessierten. „Für meine Freunde habe ich immer viel getan, mich fast schon aufgeopfert. Und immer wieder habe ich erfahren, dass sie mich hintergangen oder betrogen hatten", sagt sie. Dass sie ihr bloß die Bestätigung für ihr damaliges Selbstbild – klein, hässlich und unfähig – lieferten, verstand sie erst viel später. Nachdem junge Männer sie mehrmals verletzt hatten, versprach sich Regine, dass dies nie wieder passieren sollte: „Ich schwor mir, dass kein Mann in Zukunft die Beziehung mit mir beenden würde. Wenn, dann würde ich das tun. So habe ich unnahbar und arrogant gewirkt. Das war allerdings mein Schutz vor Verletzungen. Ich wollte den Schmerz nicht mehr fühlen, den ich in den ersten Beziehungen gefühlt hatte." Dass sie hier von einem Extrem ins andere wechselte, war ihr zu dem Zeitpunkt nicht bewusst.

Veränderung nach der Geburt ihrer Kinder

Regines erste Ehe ging in die Brüche. Und auch die Partnerschaft mit dem Vater ihrer beiden Söhne gestaltete sich alles andere als rosig. Nach der Geburt des ersten Kindes starb Regines Mutter. Sie musste plötzlich Verantwortung für ein kleines Wesen übernehmen und durfte selbst nicht mehr Kind sein. „Ich bin in ein tiefes Loch gestürzt, weil ich nicht da war, als meine Mutter gestorben ist", sagt Regine.

Ihr Leben änderte sich. Zum ersten Mal stellte sie die Bedürfnisse anderer über die ihren. Zum ersten Mal fühlte sie so etwas wie ein inneres Gleichgewicht, weil sie sich selbst nicht so wichtig nahm und für andere da war. „Ab da habe ich mich weiterentwickelt. Nach meiner Erfahrung kann sich ein Mensch als an sich gewachsen bezeichnen, wenn er Verantwortung in Liebe übernimmt. Durch die Geburt meiner Söhne habe ich ein Stück meiner Oberflächlichkeit verloren", sagt Regine. Und Oberflächlichkeit ist für sie ein Gegenstück zur Selbstliebe, weil das Bewusstsein fehle – für sich selbst, für andere Menschen.

Selbstliebe kommt nicht von heute auf morgen

Sich und seine Worte und Handlungen reflektieren, den momentanen Ist-Stand annehmen, sich selbst lieben, wie man ist. Das ist ein Idealzustand, den viele Menschen anstreben. Doch Selbstliebe und das Bewusstsein für die innere Mitte – das ist nach Regines Erfahrung immer eine Entwicklung. Nichts passiert über Nacht. Nichts ist endgültig. Wir leben ja nicht im luftleeren Raum; wir machen jeden Tag neue Erfahrungen, begegnen Menschen und Situationen, die uns herausfordern, die jene Glaubenssätze in uns triggern, die unsere Lebenswirklichkeit formen.

Regines Entwicklung brauchte Jahre und sie dauert immer noch an. Die Beschäftigung mit den eigenen Gefühlen brachte Regine neue Erlebnisse, Menschen und Situationen, die nicht immer positiv waren. Weniger schöne Erfahrungen lösten bei ihr ein Ungleichgewicht in Form von essentieller Hypertonie aus, jener Art Bluthochdruck, die zu den psychosomatischen Erkrankungen gehört. „Solche Krankheiten entstehen aus einem Ungleichgewicht der Psyche und verschieben sich auf Körperebene, sodass man ohne Hintergrundwissen nicht ohne Weiteres darauf kommt, dass die Ursache in Belastungen der Psyche zu suchen ist", sagt sie.

Ins Gleichgewicht zurückkehren

„Jedes Thema, das uns ins Ungleichgewicht bringt, zeigt uns letztendlich den richtigen Weg. Wir müssen nur die Botschaft dahinter erkennen und verstehen und dies als Geschenk annehmen. Das ist nicht immer einfach." Das eine ist, um die innere Mitte zu wissen. Das andere ist, sich ihrer immer wieder bewusst zu sein und in sein Gleichgewicht zurückzukehren.

Das ist Regine gelungen, indem sie mit innerer Kraft, Selbsterkenntnis und Entspannung ihre innerliche Anspannung gelöst hat. Sprich: Sie hat angefangen, Autogenes Training zu praktizieren, sie begann, jeden Abend zu meditieren und sich zu fragen, wie es ihr am Tag ergangen ist, was ihr Energie gezogen und was ihr Energie gespendet hat. Seit sie verstanden hat, dass Krankheiten auf Körperebene aus der Seele sprechen und zeigen wollen, was im Leben nicht richtig läuft, reflektiert Regine regelmäßig, ob sie sich ausgeglichen fühlt oder nicht – und ob es Krankheitsanzeichen gibt. Hier sei Eigenliebe entscheidend und die innere Kraft, sich selbst wieder ins Gleichgewicht zu bringen, etwa mit Entspannungstraining.

Regine hat sich weiterentwickelt, um sich selbst zu helfen, hat zahlreiche Ausbildungen und Lehrgänge absolviert: Autogenes und Entspannungstraining, Klangschalenmassagen und Klopfakupressur. „Aus seelischen Tiefs und Lebenstälern kann man sehr viel lernen, man kann das Negative in etwas Positives wandeln und daran wachsen. Das war gleichzeitig mein Weg zur Berufung", sagt sie. Regine ist Heilpraktikerin im Bereich Psychotherapie und hilft anderen Menschen, Körper, Geist und Seele ins Gleichgewicht zu bringen. Außerdem arbeitet sie an einem Projekt im Gesundheitsbereich, das Schul- und Komplementärmedizin mit Behandlung im Bereich der Energetik verbindet. „Ich fühle heute so viel Power in mir. Das zeigt mir, dass ich in meiner Kraft bin", sagt Regine.

Entspannung mit Musik

Um in ihrer Kraft zu bleiben, nimmt sie sich regelmäßig Zeit für sich selbst. „Das ist enorm wichtig – und zwar nicht erst, wenn man (seelische) Schmerzen spürt. Ich kann gut mit Entspannungsmusik Energie auftanken. Andere mögen Düfte oder regenerieren sich am besten in der Natur. Das Wie muss jeder für sich selbst herauskriegen. Das heißt auch, dass du dich selbst beachtest. Es hat etwas mit Achtung vor sich selbst zu tun. Wenn ich mich selbst achte, bin ich achtsam. Dann nehme ich auch meine Umwelt ganz anders wahr", sagt Regine.

All das brauche Übung und Zeit. „Selbstliebe lernt man nicht in einem Crashkurs. Das ist wie ein Baum mit ganz tiefen Wurzeln. An diesem gesunden Wachstum darf man arbeiten. Der Weg ist das Ziel, du musst nur losgehen", sagt Regine. Es gehe letztlich darum, für sich neue Verhaltensweisen zu etablieren. Wenn der Wille zur Veränderung da ist, dann gibt es auch den sprichwörtlichen Weg. Das Zitat „Selbstliebe ist der Beginn einer lebenslangen Romanze" von Oscar Wilde ist zu Regines Lebensmotto geworden.

Ihre Erfahrung ist, dass wir uns unser Bild von uns regelmäßig selbst anschauen dürfen. Wie ist es jetzt? Was könntest du aus deiner jetzigen Wahrnehmung besser machen? Sorgst du gut für deinen Körper? Gönnst du dir genug Schlaf und Ruhe? „Halte Ausschau nach Dingen, die dir guttun: ein Bad im Kerzenschein, schöne Musik, Bewegung an der frischen Luft. Verzichte auf Zigaretten und Alkohol. Die Palette ist groß", sagt Regine. „Experimentiere mit verschiedenen Maßnahmen und behalte das bei, was förderlich ist. Dabei lernst du dich selbst besser kennen. Sei einfach da: Überlege, wenn du isst, nicht, was du alles danach tun musst. Sei im Moment. Es gibt nur die Gegenwart. Du lebst jetzt. Du kannst planen, so viel du willst, oft kommt es sowieso anders."

Übung

Weg zur inneren Mitte

Setze dich aufrecht auf einen Stuhl, stelle beide Füße parallel auf den Boden und schließe die Augen. Verlasse mit deinen Gedanken deinen Alltag und alles, was dich belastet. Achte einfach nur auf deinen Atem, der immer weiter fließt. Versuche dabei, immer ruhiger und tiefer in deinen Bauch zu atmen.

Wenn du zur Ruhe gekommen bist, konzentriere dich auf deine Füße und stelle dir vor, dass aus deinen Fußsohlen kleine Wurzeln immer weiter in die Erde hineinwachsen, vielleicht sogar bis zum Erdmittelpunkt. Dann gehe mit deiner Aufmerksamkeit zu deinem Kopf und stelle dir vor, dass deine Schädeldecke durch einen Faden, eine goldene Schnur, mit dem Himmel, dem Kosmos, verbunden ist.

Stelle dir nun vor, dass dein Körper mit jedem tiefen Einatmen durch die Wurzeln aus deinen Füßen kraftvolle Energie (oder Tatkraft oder Selbstbewusstsein; je nachdem, was du gerade brauchst) erhält. Mit jedem Ausatmen wird im Gegenzug alte, kraftlose und verbrauchte Energie durch die goldene Schnur nach oben zur Transformation an den Kosmos abgegeben, sodass ein wundervoller Energiekreislauf entsteht, von dem du ein Teil bist.

Sei dir bewusst, dass du dich an diese Kraftquelle anschließen kannst, wann immer du willst, wo immer du dich befindest und so oft du möchtest.

Selbstliebe und Hilfsbereitschaft

Anderen Menschen zu helfen, ist höchst erfüllend. Wer anderen hilft, wird zum Macher. Er suhlt sich nicht in Selbstmitleid oder dreht sich gedanklich ständig im Kreis. Er kümmert sich um andere Menschen und tut ihnen, aber auch sich selbst etwas Gutes.

Dass Glück und soziales Engagement zusammenhängen, wurde in Studien mehrfach nachgewiesen. In einer Untersuchung sollten Studenten beispielsweise über einen Zeitraum von sechs Wochen mehrmals pro Woche etwas Gutes tun. Sie gingen zur Blutspende, besuchten Großvater oder Großmutter im Seniorenheim, kauften Obdachlosen etwas zu essen. Die Zufriedenheitswerte der Probanden stiegen immens im Vergleich zu einer Kontrollgruppe.

Besseres Selbstbild

Was hat es damit auf sich? Nun, zunächst einmal verbessert sich unser Selbstbild, wenn wir anderen helfen. Unsere Meinung von uns selbst wird besser, weil wir uns als gute Menschen sehen. Zudem fühlen wir uns gebraucht und mit anderen Menschen verbunden, denen wir helfen. Das sorgt für positive Gefühle, die sich enorm auf das eigene Glücksempfinden auswirken.

Manuel Fritsch

„Ich bin gut so, wie ich bin." Das ist zum Lebensmotiv von Manuel Fritsch geworden. Es ist noch nicht sehr lange her, als er versucht hat, dem Arbeitsmarkt gerecht zu werden, viel Geld zu verdienen, sich glücklich zu kaufen und um jeden Preis Frauen zu gefallen. Er sagt, er sei ein ganz normaler Typ gewesen: gierig, geizig, zielgetrieben, bedürftig und unglücklich. Er hat nach Erfüllung gesucht, fand sie nicht im Außen und fing an, Liebe zu lernen. Nach und nach gelangte er zu der Erkenntnis, dass er selbst für sein Glück verantwortlich ist und dass es ihm Freude macht, anderen Menschen zu helfen.

Als Kind war Manuel sehr zurückgezogen und einzelgängerisch. Im Kindergarten spielte er lieber allein mit seinem Spielzeug als mit anderen Kindern. Auch später, während seiner Schulzeit, war er häufig für sich. Für diesen Wesenszug ist Manuel sehr dankbar. Das Allein-sein-Können sei eine Basis für seine spätere Entwicklung gewesen. „Ich war nicht gebunden an Konventionen oder Gruppen, deren Druck ich mich hätte beugen müssen. Ich habe einfach mein Ding gemacht", sagt er. Am meisten hat ihn schon in jüngeren Jahren die Sprache begeistert. Er hat unzählige Bücher gelesen – bis zu dem Zeitpunkt, als er das Fernsehen für sich entdeckte.

Zehn Stunden täglich vor dem Fernseher

So richtig kann Manuel sich nicht erklären, wieso er als Elftklässler immer weniger las und sich immer mehr vom TV-Programm berieseln ließ. „Vielleicht lag es am zunehmenden Druck in der Schule oder es war eine versteckte Sehnsucht nach Kontakt zu anderen Menschen." Jedenfalls hat er seinen Fernsehkonsum immer weiter erhöht, bis er etwa ein Jahr lang jeden Tag zehn Stunden vor dem Fernseher saß. Er hat einfach nur Informationen aufgenommen, statt sein Gehirn und seinen Wortschatz aktiv zu benutzen. Das habe sein Sprachvermögen um etliche Jahre zurückgeworfen. Eine schreckliche Erfahrung für Manuel.

Er wollte so nicht weitermachen. Er wollte sich mitteilen und mit Menschen verständigen, die mit ihm auf einer Wellenlänge waren. In Internetforen für Hochbegabte fand er Gleichgesinnte, fing mit dem Schreiben an und traf im realen Leben Freunde, die er im virtuellen Raum kennengelernt hatte. „In der Schule habe ich mich oft ausgegrenzt gefühlt, in den Foren und bei den Treffen war ich Teil einer Gruppe. Ich habe mich mit den anderen verbunden gefühlt. Das hat mir Auftrieb gegeben", sagt Manuel. Er war plötzlich nicht mehr allein. Und er merkte, wie viel Freude ihm das Schreiben macht.

Bestes Abifach bestimmt Berufswahl

Nach dem Abitur entschied er sich dennoch für ein Chemie-Studium. Warum? Weil er die beste Abiturnote im Fach Chemie hatte. Das sei im Nachhinein ein bescheuerter Grund für seine Studienwahl gewesen. „Mich hat in der Schule nie beschäftigt, was ich gut kann. Sonst hätte ich möglicherweise etwas mit Sprache studiert", sagt er. So wählte er das Studienfach Chemie, weil er Karriere machen und viel Geld verdienen wollte. An der Uni zeigte sich jedoch recht schnell, dass dieser Plan nicht aufgehen würde. Manuel stellte fest, dass der Lernstoff deutlich komplexer war – und er selbst nicht bereit, sein Leben dafür zu opfern, organochemische Reaktionsmechanismen auswendig zu lernen. Während eines Auslandssemesters in Schweden, wo er Zeit hatte, um die Vorlesungen zu besuchen, die er besuchen wollte, merkte Manuel, dass er sich von der Chemie verabschieden musste. Freiwillig saß er in der Zeit in Skandinavien bloß in einem Chemiekurs und ansonsten fast nur in Vorlesungen über Business und Management.

Wieder in Deutschland studierte er Wirtschaftsingenieurwesen. Das Ziel war nun, Karriere in der Wirtschaft zu machen. Geld war Manuel damals sehr wichtig. Doch er wollte auch herausfinden, was er wirklich machen will, was ihn ausmacht. Praktika halfen ihm, Klarheit für sich zu gewinnen. „Ich habe in einem mittelständischen Betrieb gearbeitet – das war mir viel zu langweilig. In Großkonzernen hätte ich nie funktioniert, weil dort Leute am erfolgreichsten sind, die das schon in der Schule waren. Damit war das für mich erledigt. Mir blieb also nur, selbst ein Unternehmen aufzubauen."

Anderen vermitteln, dass sie gut sind

Je mehr sich Manuel mit seiner Motivation beschäftigte, umso eher rückte das Thema Liebe in seinen Fokus. Er wollte ein Mensch sein, dessen Gesellschaft andere schätzen. Daher las er viel zu dem Thema, trainierte seine Achtsamkeit. Er lernte, im Gespräch mit anderen wirklich da zu sein und hinzuhören. Er fing an, auf Frauen zuzugehen und probierte verschiedene Arten der Kommunikation aus. „Früher habe ich Sprüche gerissen, die lustig sein sollten, die aber eine sarkastische oder zynische Einstellung zeigten", sagt Manuel. Damit habe er andere Menschen vergrault. In seiner Lernphase begann er, auf seine Worte zu achten – oder sagte auch mal nichts und achtete stattdessen darauf, was ihm seine Gesprächspartner mitteilten. „Ich wollte anderen verbal und nonverbal das Gefühl vermitteln, dass sie gut sind, wie sie sind und dass ich gern bei ihnen bin", sagt Manuel.

Mit der Zeit veränderte er sich. Auch weil er anfing, sich mit seinen Gefühlen zu beschäftigen. Er wollte immer noch Unternehmer werden, aber nicht des Geldes wegen. „Irgendwann habe ich gemerkt, dass ich das nicht kann: für Geld arbeiten. Ich muss Menschen helfen können, wissen, was ich bewirke mit dem, was ich tue. Ich möchte das Glück sehen können, das andere erfahren. Dafür stehe ich morgens gern auf."

Umgang mit Gefühlen als Schlüssel zu allem

Diese neuen Gedanken nahm Manuel ernst. Geld sollte nicht sein Motor sein. Zwar startete er noch einen Versuch und arbeitete nach dem Studium bei einem Start-up. „Aber ich habe schnell gemerkt, dass es nicht geht. Es war für mich nicht motivierend. Mein Idealismus wurde nicht angesprochen."

Zu lernen, mit Gefühlen umzugehen, sei für ihn der Schlüssel zu allem, beruflich wie privat. Früher seien Frauen für Manuel eine Art Projektionsfläche gewesen: Er habe gedacht, dass er mit der richtigen Partnerin glücklich wäre. Doch je mehr er sich mit seinen Gefühlen auseinandersetzte, verstand er, dass sein Wunsch ein Platzhalter für das Bedürfnis nach Verbundenheit, nach Liebe in ihm selbst war. Er hatte das Ziel, Menschen zu unterstützen, die noch nicht die Bedeutung von Liebe und Selbstliebe erfasst hatten. Er wollte ihnen im echten Leben begegnen und einen Raum schaffen, in dem man über Gefühle sprechen kann, und die drei wichtigsten Lehren aus seinem Leben als Prinzipien vorstellen. Diese lauten:

1. Ich nehme jeden Menschen bedingungslos an und mich selbst auch.
2. Ich achte alle Gefühle und gebe ihnen aktiv Raum.
3. Ich bin verantwortlich dafür, wie ich mit meinen Gedanken und Gefühlen umgehe.

Diese drei Prinzipien, die Manuel formuliert hat, sind bis heute Grundlage seiner „Bewegung für Selbstliebe". „Move Meta" heißt sein soziales Projekt, das Menschen verbindet und ihnen Liebe schenkt, weil sie diese in sich selbst finden. In zehn Gruppen in Deutschland und Österreich treffen sich Menschen, die sich für ihre Gefühle und die anderer interessieren, zum Austausch. „Jeder ist willkommen mit allen Themen, jeder darf seine Gefühle zeigen. Wir hören uns zu, sind da. Wir sprechen in Ich-Form, geben keine Ratschläge. Jeder spricht von sich selbst", erklärt Manuel. All dies ist kostenlos. „Was wir anbieten, kann nur geschenkt werden; sonst ist es wertlos", sagt Manuel. „Move Meta" habe nichts zu tun mit Leistung und Gegenleistung. „Wir geben bedingungslos, um bedingungslose Freude zu spüren."

Früher wollte Manuel Milliardär werden. Heute ist er der Ansicht, dass ein glückliches Leben nichts mit Materiellem gemein hat, sondern aus glücklichen Tagen besteht. „Wenn ich heute nicht glücklich sein kann und morgen auch nicht – wieso gehe ich davon aus, dass ich es später, mit mehr Geld, sein kann? Es geht doch darum, heute schon glücklich zu sein oder es zu lernen. Seine Berufung zu finden, Beziehungen einzugehen, die einen erfüllen, Frieden in sich selbst zu finden", sagt Manuel.

Wollen, nicht müssen

Er ist glücklich, wenn er seine Arbeit schenkt. Deshalb lebt er von Hartz IV – und schöpft, wie er sagt, ohne schlechtes Gewissen einen Rechtsrahmen aus, weil er, wenn er will, hundertmal mehr zurückgeben darf, als er bekommt. „Und weil ich darf und nicht muss, werde ich das auch. Denn Geben macht glücklich." Manuel möchte zeigen, dass es möglich ist, auch mit Hartz IV ein tolles Leben zu führen und Schönes zu erschaffen. Das Arbeitslosengeld II sei für ihn eine Art bedingtes Grundeinkommen.

Für ein bedingungsloses Grundeinkommen sprechen sich seit Jahrhunderten Politiker, Denker und Unternehmer aus. „Der Übergang von einer Psychologie des Mangels zu einer des Überflusses bedeutet einen der wichtigsten Schritte in der menschlichen Entwicklung. Eine Psychologie des Mangels erzeugt Angst, Neid und Egoismus. Eine Psychologie des

Überflusses erzeugt Initiative, Glaube an das Leben und Solidarität", sagte etwa der Psychoanalytiker Erich Fromm.

Das bedingungslose Einkommen soll, so die Theorie, gewährleisten, dass jeder ein menschenwürdiges Leben führen darf. Zudem steckt dahinter die Idee, dass deutlich mehr Menschen entsprechend ihren Talenten und Fähigkeiten einen Wert in die Welt bringen, weil sie sich des Geldes wegen keine Sorgen machen müssen. In Manuels Welt ist Geld nicht gleich Wert. Wertvoll ist für ihn, was anderen hilft. Er sagt, er möchte den maximalen Wert stiften und andere Menschen dabei unterstützen, ihren maximalen Wert zu stiften. Und zwar in Freiheit, ohne ökonomische Zwänge.

Zeit in seine Entwicklung investieren

Manuel hat Liebe zum wichtigsten Wert in seinem Leben gemacht. Liebevoll zu sein sei eine Rückkehr zu dem, der man eigentlich schon immer gewesen sei. Jeder könne Liebe empfinden und Liebe geben. „Wir brauchen nur unserer Freude zu folgen, die Dinge sein lassen, die uns nicht guttun, die Dinge tun, die uns erfüllen. Und aufhören zu glauben, wir seien nicht genug. Du bist gut so, wie du bist."

Als er jünger war, fiel es Manuel schwer, Anschluss zu finden. Heute hat er mehr Freunde als jemals zuvor. „Wenn ich in der Liebe bin, bin ich in der Freiheit, in der Ruhe, in der Ausgeglichenheit. Dann ziehe ich Menschen an, die auch so sind. Wenn ich hingegen in der Selbstverachtung und Unsicherheit verharre, kommen Menschen in mein Leben, die sich davon angesprochen fühlen. Je nachdem, wie weit man ist, lädt man unterschiedliche Menschen in sein Leben ein."

Selbstliebe zu lernen, bedeutet für Manuel, sich seinen Gefühlen zu widmen, Zeit in sich und seine Entwicklung zu investieren, Achtsamkeit zu entwickeln. Neue Gewohnheiten zu entwickeln und Sorgen abzustreifen, sei ein Prozess, der Zeit brauche – und Vorbilder. „Man muss Menschen begegnen, die auch auf dem Weg sind. In Erich Fromms Buch ‚Die Kunst des Liebens' heißt es, der beste Lehrer der Liebe sei die Anwesenheit eines liebenden Menschen", sagt Manuel. Letztlich laufe alles über das Fühlen. „Ob ich Bäcker oder Feuerwehrmann werden will, weiß ich nur, wenn ich das fühle. Ob ich mit jemandem mein Leben verbringen kann, kann ich nur fühlen."

Wer abgetretene Pfade verlassen will, müsse daher bereit sein, den bisherigen Weg zu hinterfragen. Denn Selbstliebe bedeutet manchmal auch, Arbeit oder Beziehung loszulassen, weil sich diese nicht richtig anfühlt. „Wenn du fühlst, hast du die Chance, dir ein besseres Leben aufzubauen", sagt Manuel. Nach seiner Weltsicht kommen Leid und Schmerz, wenn man seine Gefühle verdrängt, ignoriert, betäubt. „Eine alte Therapeutenweisheit besagt, dass alles, was wir verdrängen, mit doppelter Wucht zurückkehrt. Je eher du also bereit bist, deine ‚schlechten' Gefühle anzunehmen, umso schneller merken sie, dass sie gesehen wurden und gehen können."

Übung

Liebe in sich und anderen erkennen

Bevor du aus Liebe handeln kannst, musst du sie in dir und in anderen erkennen, den Glauben an die Liebe aufbauen. Das kannst du am besten mit einem anderen Menschen üben. Das kann ein Freund sein oder jemand, den du kaum kennst. Die Grundstimmung sollte bei dieser Übung entspannt sein. Setzt euch einander gegenüber, schaut euch schweigend fünf Minuten lang in die Augen und versucht, die Liebe im anderen zu erkennen, ohne etwas erzwingen zu wollen. Tut nichts weiter als das.

Diese Übung ist meist sehr intensiv; sich länger in die Augen zu schauen, erfordert Mut und kann anfangs unbehaglich sein. Jedoch baust du auf diese Weise eine Verbindung zu dem anderen Menschen auf, die in kurzer Zeit entsteht. Du wirst eins mit ihm. Mit jedem Atemzug spürst du die Gegenwart des anderen, aber auch Dankbarkeit, Freundschaft und Liebe.

Selbstliebe und Beharrlichkeit

Das Leben wird dich mit den verschiedensten Situationen konfrontieren. Du wirst Neues lernen, Dinge erleben, die du dir jetzt vielleicht nicht einmal vorstellen kannst. Auch wenn Selbstliebe diverse Aspekte in sich trägt, reicht es aus, bereit dafür zu sein, sich zu lieben. Wenn du dafür bereit bist, kommt die Selbstliebe irgendwann.

Es ist wie mit einer Reise: Du machst dich auf in ein fremdes Land. Du kennst die Sprache nicht und auch nicht die Gepflogenheiten. Aber du lässt dich darauf ein und bist bereit, Neues zu entdecken. Du hast eine Karte, mithilfe derer du dich orientieren kannst. Doch die Wege gehen musst du selbst. Und irgendwann, wenn du einige Zeit in dem Land verbracht hast, kennst du dich aus. Du kennst den schnellsten Weg, um zu einer bestimmten Sehenswürdigkeit zu gelangen. Du weißt, welche deiner Worte und Taten bei den Einheimischen Freude und welche Unverständnis auslösen. Du wirst zum Experten.

Bleib dran an deiner Entwicklung

Das bedeutet: Mache dich auf, dich selbst besser kennenzulernen. Sei bereit dafür, auch mal Rückschläge zu erleiden. Selbstliebe kommt nicht von heute auf morgen. Sei beharrlich in deinem Wunsch, dir selbst ein guter Freund zu sein. Und wenn es an einem Tag mal nicht so gut läuft – morgen wird es besser. Vertraue in den Prozess. Bleibe dran an dir selbst und deiner Entwicklung. Lasse los, was dir nicht guttut. Und nach einer Weile wirst du merken, dass du dich verändert hast. Dass du selbst nun von deinen Erfahrungen als jemand berichten kannst, der weiß, was Selbstliebe bedeutet.

Sandra Reekers

Es gibt diese Menschen, von denen andere behaupten, sie tanzten auf zu vielen Hochzeiten: Sie haben tausend Ideen und Interessen, sie laufen voller Neugier durch die Welt und würden am liebsten alles ausprobieren. Weil es jedoch so viele Möglichkeiten gibt, wissen sie nicht, wann und wie sie das schaffen sollen – und leiden häufig darunter. Eine solche Geschichte kann auch Sandra erzählen. Sie ist eine sogenannte Scannerpersönlichkeit und ihr Weg zu sich selbst ist gezeichnet vom Ausprobieren und Loslassen auf der einen und vom Dranbleiben auf der anderen Seite.

Sandra ist in einem liebevollen Elternhaus mit drei Geschwistern groß geworden. Als Kind sei sie eher schüchtern gewesen, sagt sie. Still, zurückhaltend. Sie hat gerne und viel gelesen, war sehr vielseitig interessiert: Als sechsjähriges Mädchen fing sie an, Mandoline zu spielen, gehörte zu einem Orchester, spielte mit ihrem Vater Theater, malte mit Freude. „Das waren alles Dinge, die mich berührt haben", sagt Sandra.

Flucht vor der Realität

In der Schule war sie auch gut und mochte die Fächer Kunst, Musik, Deutsch und Religion. Mit ihren Lehrern kam sie sehr gut zurecht, jedoch nicht mit ihren Mitschülern. „Ich war eher ein Außenseiter und habe am Rand gestanden. In der Grundschule ging es noch, aber später, in der Realschule, war es eine sehr schwierige Zeit. Kinder können sehr kreativ darin sein, jemandem zu zeigen, dass sie ihn nicht mögen. Und da habe ich die volle Breitseite abbekommen", sagt sie. Sandra wurde gehänselt, beleidigt, ausgegrenzt. Sie fühlte sich hilflos und ausgeliefert. „Damals ging es mir nicht gut. Aber das Lesen half mir, in meine eigenen Welten zu flüchten."

Sie überstand die Schulzeit und fing eine Ausbildung als Erzieherin an. Dieser Berufswunsch war schon ziemlich früh entstanden: „Ich wusste mit 13 oder 14, dass ich mit Kindern arbeiten wollte. Ich bin in einer Kirchengemeinde groß geworden und war da aktiv. Meine Mutter leitete dort eine Krabbelgruppe und ich war auch mit dabei. Das hat mir großen Spaß gemacht", sagt Sandra. Die Arbeit im Kindergarten hat sie daher sehr bereichert. Sie hatte das Gefühl, dass sie etwas macht, das sie gut kann und das ihr Freude bereitet. Und dann mag sie die Herzlichkeit und Lebendigkeit, die Kinder versprühen. Ein Aspekt, der auch zu Sandra selbst gehört, weil sie Dinge lieber leichtnimmt und sich erlaubt, auch mal albern zu sein.

Zwischen Freude und Belastung

Parallel zu ihrer Ausbildung machte Sandra Fachabitur. „Eigentlich hatte ich gedacht, dass ich genug gelernt habe und Geld verdienen will. Doch etwas in mir sagte, ich sollte die Möglichkeit nutzen. Wer weiß, wozu das gut sein würde." Und es sollte sich zeigen, dass dies tatsächlich eine richtige Entscheidung war. Nach ihrer Lehre arbeitete Sandra einige Jahre als Erzieherin und kam zum ersten Mal in Kontakt mit Kindern mit Behinderung.

Einerseits ging sie in ihrer Arbeit auf, andererseits stieg mit der Zeit die Arbeitsbelastung. Und als ihr Vertrag auslief, stand sie vor der Frage, was sie tun würde. Sich in einem anderen Kindergarten bewerben? Sich

verändern? Sandra wählte Letzteres und begann ein Studium der Heilpä-
dagogik. Sie wollte sich mehr auf die Förderung von Kindern mit Behinderung konzentrieren. „Das war eine Zeit, die mir Aufschwung gegeben
hat. Ich habe tolle Menschen kennengelernt und das Lernen hat mir unglaublich viel Freude gemacht, weil mich die Themen interessiert haben.
Im Studium habe ich deutlich an Selbstbewusstsein und Selbstsicherheit
gewonnen." Und weil Sandra als Scannerpersönlichkeit schwer nur bei
einer Sache bleiben kann, belegte sie nebenher noch einen zweiten Studi-
engang: Gemeindepädagogik. Denn mit der Kirche war sie nach wie vor
verbunden.

Überlastung und Depression

Eine Weile war sie voll motiviert und bei der Sache. Doch dann halste
sich Sandra zu viel auf: Sie schrieb ihre Diplomarbeit, kümmerte sich in
einem Kindergarten nebenher als Integrationskraft um Mädchen und Jungen mit Behinderung, stieg bei einem Musikprojekt ein. „Das war ein
Punkt, an dem ich so richtig zusammengeklappt bin, weil ich zu viel auf
einmal gemacht habe. Mein Körper hat mir gezeigt, dass es nicht mehr
weiterging. Ich war ständig müde und erschöpft, Kleinigkeiten, die ich
sonst mit links gemacht habe, kosteten mich plötzlich sehr viel Kraft und
Anstrengung. Bei belanglosen Dingen, die mich sonst kaltgelassen hätten,
habe ich angefangen zu weinen", sagt Sandra.

Die Diagnose lautete: Überlastungsdepression. Sie holte sich Hilfe und
orientierte sich um, fragte sich, was sie wirklich, wirklich machen will.

Zunächst verabschiedete sie sich von der Arbeit im Kindergarten. Denn dort sei auch das Arbeitsklima bedrückend gewesen. Sie beendete ihr Studium und konzentrierte sich auf das Musikprojekt, das ihr am meisten Freude bereitete. „Das war eine Wanderausstellung von Musikinstrumenten, die man buchen kann", erklärt Sandra. Rund um die Instrumente gestaltete sie pädagogische, therapeutische und Musik-Angebote, begleitete Kinder, Jugendliche, Senioren und Demenzpatienten durch die Ausstellung und führte sie spielerisch ans Musikmachen heran. Vier Jahre lang ging das. Vier Jahre, die für Sandra verflogen, weil sie sehr viel Freude an ihrem Tun hatte. „Ich habe Musik gemacht und wurde dafür auch noch bezahlt. Das war toll", sagt sie.

Doch auch in dieser Arbeit kam Sandra an ihre Grenzen. Sie hatte wahnsinnig viele Ideen, um die „Klangräume" auszubauen, stieß jedoch auf Gegenwind. Das Gefühl der Leichtigkeit schwand und Sandra stand wieder vor der Entscheidung: weitermachen oder sich verändern?

Warum festlegen?

Ganz klar, was sie wählte. Denn Scannertypen können die Fahrtrichtung sehr schnell ändern. Oft hadern sie mit sich selbst, weil sie von der Gesellschaft und ihren Mitmenschen gesagt bekommen, dass sie sich doch endlich mal festlegen sollen. Dass sie sich für eine Sache entscheiden und diese durchziehen müssen. Daher fühlen sie sich häufig unverstanden und orientierungslos. Coach und Autorin Anne Heintze von der „Open Mind Akademie" hat einen Test entwickelt, mit der jeder in weniger als einer

Minute überprüfen kann, ob er ein Scanner ist. Dafür gilt es, spontan und intuitiv folgende Fragen zu beantworten:

- Hast du bereits seit deiner Kindheit eine unstillbare Neugierde?

- Verfügst du über ein sehr breites Wissen?

- Legst du eher Wert aufs große Ganze als auf Details?

- Kannst du dich schnell für neue Themen begeistern?

- Durchschaust du schnell grundlegende Zusammenhänge?

- Hast du eine sehr gute Beobachtungsgabe?

- Hast du Probleme mit „langweiligen" Menschen?

- Kannst du andere sehr gut motivieren?

- Verfügst du über eine starke Intuition?

- Liest du viel – auch gleichzeitig und über unterschiedliche Themen?

- Hast du ein kritisches und unabhängiges Denken?

- Gehst du in Problemen völlig auf, wenn du motiviert bist?

- Möchtest du Routineaufgaben möglichst vermeiden?

- Magst du sehr unterschiedliche Themen: Technik, Musik, Soziologie, Kochen ...?

- Hast du schon viele Hobbys und Interessen in deinem Leben verfolgt?

- Kleidest du dich gern unkonventionell und auffallend?

- Arbeitest du gern unabhängig, um Probleme durchdenken zu können?

- Setzt du dir gern mehrere Ziele auf einmal?

- Empfindest du dich als sehr individuell?
- Findest du Meinungen von Autoritäten oft ziemlich unwichtig?
- Kümmerst du dich wenig um Konventionen und Tradition?
- Kannst du deine Interessen schnell und unerwartet verändern?
- Bist du auf der Suche nach gleichartigen Menschen?
- Kannst du dich gut in andere einfühlen und sie motivieren?
- Hast du ein auffallend hohes Energielevel auf allen Ebenen?
- Hast du viele Facetten und wirst zum Beispiel Chamäleon genannt?

Wenn du oft mit Ja geantwortet hast, „ist es sehr wahrscheinlich, dass du ein viel begabtes Scannertalent bist. Wenn eine oder mehrere Fragen ein sehr lautes Ja in dir erklingen lassen, ist es noch deutlicher", heißt es auf www.open-mind-akademie.de.

Sich akzeptieren

Den Begriff des Scanners kannte Sandra anfangs nicht. Sie dachte lange, dass sie unstet sei und vieles halb könne, aber nichts richtig. „Ich habe schon immer gern viele Projekte gleichzeitig gemacht, mehrere Bücher parallel gelesen. Mit dem, was ich an Bastelmaterialien zu Hause habe, könnte man ein Geschäft eröffnen", sagt Sandra. Wie viele Scanner hat auch sie häufig Dinge angefangen und nicht zu Ende gebracht. Sie begeisterte sich etwa für Porzellanmalerei und wollte ein 24-teiliges Service bemalen. „Ich habe exakt ein Glas, eine Tasse und einen Teller bemalt. Dann war das Thema für mich durch, weil ich wusste, wie es geht."

Lange fragte sich Sandra, warum sie denn so anders ist und sich nicht für eine Sache entscheiden und dranbleiben kann. Ein Buch – „Du musst dich nicht entscheiden, wenn du tausend Träume hast" von Barbara Sher – öffnete ihr die Augen. „Das erste Mal hatte ich das Gefühl, dass ich, so wie ich bin, völlig in Ordnung bin. Dass ich nur anders ticke und ein höheres Tempo habe als andere", sagt sie.

Nach vier Jahren mit den „Klangräumen" arbeitete Sandra als Musiktherapeutin mit Wachkomapatienten. Das sei eine spannende Zeit gewesen und sie habe viel gelernt, sagt Sandra. Parallel machte sie sich mit Musikangeboten selbständig. Sie verließ die Klinik nach einem Jahr wieder und machte in Behinderteneinrichtungen, Kindergärten und Schulen Musik. „Das war und ist für mich immer noch eine gute Mischung aus Flexibilität und Verlässlichkeit", sagt Sandra. Doch auch diese Arbeit hat für sie Grenzen, weil sie Zeit gegen Geld tausche. Also erschuf sie etwas anderes.

Neustart als Dranbleib-Coach

Sandra begann, Menschen voller Energie und Ideen, kreative Chaoten und jene, denen nachgesagt wird, sie tanzten auf zu vielen Hochzeiten, zu unterstützen. Sie hilft ihnen, an Projekten und Zielen dranzubleiben, Sachen durchzuziehen. „Mir sind Menschen wichtig, die ein Herzensprojekt in sich tragen, die für etwas brennen. Oft ist es doch so, dass man mit

Begeisterung startet, alles super findet und dann, auf halber Strecke, geht einem die Puste aus. Es wird schwierig und viele Projekte versanden, weil es am Durchhalten fehlt, weil kein anderer an das Vorhaben glaubt. Mein Herzenswunsch ist, mehr verwirklichte Projekte zu sehen", sagt Sandra.

Doch sie wäre nicht sie selbst, wenn sie nicht auch andere Möglichkeiten und Ideen verfolgen würde. Denn in ihr tobt das Kreative und möchte sich Raum schaffen. Beim Dranbleiber-Projekt gehe es eher um Struktur, die ihr natürlich wichtig, jedoch nur ein Teil von ihr sei. Ein anderer Teil sei wild, spielerisch und kreativ. „Um mein Herzensprojekt zu verwirklichen, brauche ich beides. Nur mit Plänen und Struktur fehlt die Leichtigkeit. Und nur mit Kreativität kommt man oft nicht ins Tun." Deshalb arbeitet sie an einer Kombination aus beidem. Für sie ist das Leben eine Entwicklung, eine Entfaltung. Sandra lebt nicht mit der Vorstellung, dass sie ab heute eine Sache macht – und das für den Rest ihres Lebens. „Alles ist im Wachsen und Entstehen. Und ich lasse mich überraschen, was daraus wird", sagt sie.

Was beim Dranbleiben hilft

Manchmal denkt sie zurück an jene Zeit, als sie sich mit der Arbeit im Kindergarten, ihrem Studium und dem Musikprojekt zu viel aufgebürdet hat. Heute geht sie ganz anders mit sich um, sie ist ausgeglichener, entspannter, fühlt sich nicht mehr so schnell gestresst. „Ich habe auch jetzt manchmal Tage und Zeiten, in denen es anstrengend ist. Aber es laugt mich nicht mehr so aus. Es gibt mir fast mehr Energie, als es mir Energie raubt. Allmählich habe ich das Gefühl, am richtigen Platz im Leben angekommen zu sein." Das Leben sei eine Reise, die dann entspannt verläuft, wenn wir uns selbst treu bleiben.

Sandra sind Werte wie Freiheit und Natürlichkeit wichtig. Als Nachteule kommt sie morgens nur schwer aus dem Bett und hat daher einen Arbeitsrhythmus gefunden, der ihr am besten entspricht. Und genau das sei wichtig, wenn es darum geht, bei sich selbst zu sein. Es gehe um die Frage, ob das, was du tust, wirklich zu dir passt. „Der Grund dafür, dass wir uns durch Projekte kämpfen, die uns Energie rauben, ist der, dass sie nicht die unseren sind. Vielleicht befriedigen wir mit einer Aufgabe oder einer Arbeit die Bedürfnisse anderer oder glauben, bestimmte Dinge machen zu müssen, weil das von uns erwartet wird", sagt Sandra.

Wenn andere Menschen sie fragen, was beim Dranbleiben hilft, antwortet sie: „Hinterfrage, ob dein Projekt wirklich noch dein Projekt ist. Ist es das, was du machen möchtest? An den Punkten, an denen es schwer und anstrengend wird, merkst du vielleicht, dass du von dir selbst weggekommen bist oder dich mit anderen vergleichst." Dann helfe es, Stopp zu sagen. Egal, wie Person X es macht oder was Person Y darüber denkt: „Du solltest auf dein Bauchgefühl hören und dir Zeit für dich selbst nehmen. Bleib stehen, atme durch. Versuche nicht, alles auf einmal zu machen. Verschaffe dir Klarheit darüber, was du möchtest und was wirklich deins ist." Das sei oft nicht einfach, weil wir an uns zweifeln, weil wir glauben, die Lösung sofort parat haben zu müssen. „Du solltest Mut haben, zu deinen Wünschen und Bedürfnissen zu stehen, sie ernst und wichtig zu nehmen. Wenn ich früher nicht wusste, wo es langgeht, hatten alle

anderen immer recht – nicht ich. Ich dachte, dass sie mehr Erfahrung haben und es bestimmt besser wissen. Ich habe nicht auf mein Bauchgefühl
vertraut, doch das ist sehr wichtig", sagt sie.

Beharrlichkeit und Loslassen

Zu sich selbst, zu den eigenen Werten, der eigenen Vorgehensweise und
dem eigenen Tempo zu stehen, erfordere Mut. Dazu gehöre auch, sich aus
den vielen vorhandenen Möglichkeiten das herauszupicken, das sich für
dich gut und richtig anfühlt.

Anfangs dachte Sandra, dass mit ihr etwas nicht stimme, dass sie zu
unstrukturiert und nicht diszipliniert genug sei. Sie startete ihr Dranbleiber-Projekt und hatte Zweifel: ein Scanner-Typ will anderen helfen, an
etwas dranzubleiben? Mittlerweile hat sich ihre Perspektive geändert:
„Dranbleiben heißt nicht, etwas bis zum bitteren Ende und um jeden Preis
durchzuziehen. Es kann auch heißen, dass du etwas loslässt. Denn im
Grunde geht es um ein Dranbleiben an dir selbst, an dem, was dir wichtig
ist. Wenn ich feststelle, dass sich ein Projekt totgelaufen hat, warum muss
ich es krampfhaft zu Ende führen? Dann darf es gern gehen und Platz für
Neues schaffen", sagt Sandra. Seit sie um den Scanner-Begriff weiß, fühlt
sie sich besser; das gibt ihr Orientierung. „Ich liebe mein Scanner-Dasein
und habe viel Freude damit. Ja, ich habe ein hohes Tempo und mache
viele Dinge. Aber das bin ich und das ist in Ordnung. Ich darf so sein. Ich
muss nicht mit angezogener Handbremse fahren, nur weil die Menschen

um mich herum ein anderes Tempo haben. Das eine oder andere ist nicht schlechter, es ist anders."

Um dies zu erkennen, hat ihr unter anderem der Austausch mit anderen Menschen geholfen, die auch zig Ideen haben und schnell zu begeistern sind. Durch den Kontakt mit Gleichgesinnten habe sie verstanden, dass es eben noch andere Lebensentwürfe gebe. Seither kann Sandra auch sogenannte Taucher-Typen – diese arbeiten nicht wie Scanner in die Breite, sondern in die Tiefe und wollen Aufgaben oder Themen im Detail ergründen – besser verstehen. Sie kann sagen: „Das ist deins und das ist meins. Ich kann bei mir bleiben und Dinge auf meine Art machen."

Leichtigkeit bewahren

Das ist für Sandra Selbstliebe und Selbstfürsorge: sich gut um sich selbst kümmern, bei sich selbst bleiben, seine Kräfte und Ressourcen kennen und nutzen. „Für mich selbst gut zu sorgen heißt, dass ich versuche, regelmäßig Auszeiten einzuplanen", sagt sie. Als kreativer Kopf arbeitet Sandra mit Aufklebern: Am Jahresanfang klebt sie für jeden Monat jeweils einen Frosch-, einen Prinzessinnen-, einen Pferde- und einen Bagger-Sticker in ihren Kalender. Frosch und Bagger stehen dafür, Aufgaben abzuarbeiten, die lästig sind oder die Sandra ansonsten gern aufschiebt. An Prinzessinnentagen gönnt sie sich etwas Schönes: ein Bad in der Wanne, einen Saunabesuch, eine Massage. An Pferdchentagen macht sie etwas Verrücktes oder Spielerisches, stöbert im Spielwarenladen oder in der

Bibliothek. „Diese Aufkleber erinnern mich daran, mir die Leichtigkeit zu bewahren", sagt Sandra.

Dafür gibt weitere Möglichkeiten: „Führe dich selbst an einen inspirierenden Ort aus. Geh in ein Restaurant, in dem du noch nicht warst. Lauf einen anderen Weg durch den Park. Erkunde einen Stadtteil, den du noch nicht kennst. Stöbere in einem Laden, in den du schon lange gehen wolltest. Schau dir einen schönen Film an", empfiehlt Sandra. Bewusst Zeit mit dir selbst zu verbringen und mit dem, was dir Freude bereitet, ist wie ein kleiner Urlaub. Wenn du deinem Geist Zeit und Ruhe gönnst, kann er die über Tag aufgenommenen Eindrücke verarbeiten und daraus etwas Neues erschaffen, das du wiederum nach außen geben kannst.

Tipps

Wie du an etwas dranbleibst

Kennst du das? Du hast eine tolle Idee, bist total begeistert und startest voller Motivation durch. Aber irgendwo unterwegs geht dir die Puste aus und es fällt dir schwer, dranzubleiben. Hier kommen sieben Tipps, die dir beim Dranbleiben helfen:

1. Überprüfe dein Ziel: Ist dein Ziel wirklich noch DEIN Ziel? Oder hat sich unterwegs etwas verändert? Wenn dein Ziel noch zu dir passt, mach weiter. Wenn nicht, erlaube dir, es loszulassen.

2. Schaffe dir „optische Anker", die dich an dein Ziel erinnern. Das kann ein Vision-Board sein, eine Karte mit einem passenden Bild oder Zitat oder auch ein kleiner Gegenstand. Mach dein Ziel sichtbar.

3. Nutze die „kleinste minimale Einheit": Brich dein großes Projekt auf kleine Mini-Schritte von nicht mehr als 10 Minuten herunter. Jeder Schritt sollte nur so groß sein, dass er deinen inneren Widerstand nicht herausfordert. Mach nur diesen einen kleinen Schritt. Durch das Tun kommt ganz oft der Schwung zurück.

4. Belohne dich, auch für kleine Schritte. Gönn dir etwas Gutes und sei nett zu dir selbst.

5. Leg einen Unperfekt-Tag ein: Erlaube dir einen Tag lang zu jammern, zu meckern und alles einfach mal schleifen zu lassen. Erlaube dir, unperfekt zu sein. Und dann wieder: Kopf hoch, Blick nach vorne und weitermachen!

6. Sammle an guten Tagen Lob oder positives Feedback von Freunden, Kunden oder Kollegen. Wenn das nächste Tief kommt, zeigt dir ein Blick in deine Sammlung, wie viel Tolles du schon geschafft hast.

7. Such dir Unterstützung: Du musst nicht alles allein schaffen. Such dir Unterstützung und Menschen, die dich motivieren und mit dir zusammen an dein Projekt glauben.

Selbstliebe und Wahrheit

Auf sein Herz zu hören und nicht auf seinen Kopf – das ist ein relativ sicherer Weg, um glücklich und mit sich selbst im Reinen zu sein. Wenn du dich selbst achtest und liebst, lebst du im Einklang mit deiner ganz persönlichen Wahrheit. Mit der Wahrheit deines Herzens. Sobald du dich jedoch von deinem Ego leiten lässt und Entscheidungen triffst, die sich nicht gut anfühlen, bist du nicht frei. Wenn du Dinge tust, die ein Gefühl der Leere in dir hinterlassen, auch wenn du gar nicht weißt wieso, entfernst du dich von deiner Wahrheit und erfährst mitunter Leid und Schmerz, die dich darauf hinweisen, dass etwas schiefläuft.

Selbstliebe heißt, die Wahrheit zu sagen, sich mit seinen Wünschen, Bedürfnissen und Gefühlen zu respektieren und gut für sich selbst zu sorgen. Stehe zu dir selbst und lebe deine ganz persönliche Wahrheit, auch wenn dir andere Menschen vorwerfen, du seist egoistisch. Selbstliebe hat nichts mit Egoismus zu tun. Selbstliebe ist Wahrheit, so wie Liebe im Allgemeinen Wahrheit ist. Wenn wir einem anderen vormachen, wir würden ihn lieben, ist dies nicht echt. Die größte Liebe ist ehrlich, aus dem Herzen. Wahrheit bringt Klarheit, weil du dich selbst kennst – mit all deinen Facetten. Mit deinen Zweifeln, Ängsten und Sehnsüchten.

Ingrid Bartels

„Ein Teil von mir wollte immer die Wahrheit ans Licht bringen", sagt Ingrid Bartels. Als kleines Mädchen war sie aus Sicht der Erwachsenen vorlaut und unhöflich, weil sie Ungerechtigkeit nicht ausstehen konnte und offen aussprach, wenn sie ein Verhalten als falsch empfand. „Es ging um verschiedene Angelegenheiten: Bevorzugung von reicheren Kindern oder unsinnige Zurechtweisungen meiner Mitschüler. Ich wollte die Dinge immer klarstellen", sagt Ingrid. Sie habe sich schon als Schülerin für andere eingesetzt und hinter die Fassaden der Menschen geschaut. Andere Kinder baten sie um Rat und zogen sie bei Streit als Vermittlerin hinzu.

Zwischen Wahrheit und Anpassung

Ab dem achten Lebensjahr sei es ihr Traum gewesen, Lehrerin zu werden. Sie wollte es besser machen als die Lehrer, die sie kannte. „Ich wollte eine freundliche und liebevolle Lehrerin sein, bei der die Kinder freiwillig lernen, weil sie den Sinn dahinter verstanden hatten", sagt Ingrid. „Ich wollte in glückliche Gesichter schauen. Strenge fand ich schon immer unpassend, Autoritäten fragwürdig."

Doch in der 13. Klasse sagte ihr ein Gefühl, dass sie keine Lehrerin sein würde. „Ich warf meinen bisherigen Lebensplan über den Haufen und konnte es selbst nicht verstehen", sagt sie. Wenige Tage, nachdem sie ihren Traum vom Lehrerberuf aufgegeben hatte, zeigte Ingrids Vater ihr einen Artikel über eine Fachschule für pharmazeutisch-technische Assistenten. Das interessierte sie. „Ich bewarb mich und das Glück war mir hold."

Nun gab es in Ingrid, wie sie anfangs schildert, einen Teil, der die Wahrheit ans Licht bringen wollte. Der andere Teil in ihr wollte sich jedoch anpassen, weil die Wahrheit nicht immer gewünscht war. Einerseits sprach sie unbequeme Dinge aus, statt zu schweigen und war stolz auf sich, weil sie für Gerechtigkeit sorgte. Andererseits machten ihr andere Menschen, auch Familienmitglieder, deutlich, dass sie zu direkt sei und besser still sein sollte. „Ich mochte mich eine ganze Zeit lang, bis ich mit dem Erwachsenenalter begann, mich zu verbiegen, um von anderen gemocht zu werden", sagt Ingrid.

Körper weist auf seelisches Ungleichgewicht hin

Nach ihrer Ausbildung arbeitete sie einige Jahre als pharmazeutisch-technische Assistentin, studierte später Pharmazie in Frankfurt und Berlin. In der Hauptstadt fühlte sie sich einerseits frei, doch andererseits gab es vieles, das Ingrid einengte. Das zeigte sich mit körperlichen Symptomen. Ingrid hatte ständig Blasenentzündungen, Kreislaufprobleme und Knieschmerzen. „Ich war eine einzige Baustelle", sagt sie. „Mein Körper wollte mir etwas zeigen, was ich damals keineswegs verstand."

Eine Weile bekämpfte Ingrid ihre Beschwerden mit Medikamenten, doch sie wollte nicht ihr Leben lang Tabletten nehmen. „Ich fühlte, dass dies nicht die Lösung sein konnte und dass die Medikamente im Grunde keine Heilung waren." Eine Kollegin schickte Ingrid zu einer Homöopathin. „Ich begann, mich für die Klassische Homöopathie und für Hintergründe von Krankheiten zu interessieren", sagt Ingrid. Sie habe im Inneren gespürt, dass sie sich verändern musste, wenn sie gesund werden wollte.

Nach einem Umzug nach Ostwestfalen-Lippe fand Ingrid bei einer Heilpraktikerin Heilung und zu sich selbst. Weil es ihr durch die Homöopathie wieder besser ging, wurde sie wieder selbstsicherer und begann wieder, mehr auf ihr Herz zu hören. „Endlich gesund zu sein, bedeutete mir sehr viel. Aber noch mehr bedeutete mir, etwas gefunden zu haben, von dem ich vorher nicht einmal wusste, dass ich es gesucht hatte. Ich fand meine Verbindung zu Gott wieder, zum großen Ganzen, zum Universum", sagt Ingrid. Alles habe plötzlich einen Sinn ergeben. Situationen, über die sie sich früher geärgert habe, sah sie plötzlich als Hinweise, um etwas zu verändern. „Ich wusste auf einmal, dass ich mich verbogen hatte, weil ich dazugehören wollte. Ich fing wieder an, positiv zu denken und übernahm die komplette Verantwortung für mein Handeln."

Sich selbst besser verstehen

Ingrid kam durch ihre Krankheitsgeschichte und die Alternativmedizin zu der Erkenntnis, dass nur sie selbst ihre Welt verändern konnte. Sie erlangte ein Bewusstsein für ihr Leben und dafür, was sie wirklich wollte. „Ich wollte glücklich sein. Ich wollte die Dinge einfach gestalten. Ich wollte Wahrheit."

Doch auch wenn das einfach erscheinen mag, gab es für diese Erkenntnisse einen Preis. Ingrid musste sich von Menschen trennen, die nicht mehr zu ihrem neuen Weltbild passten. Das machte sie traurig.

Sie machte eine Homöopathie-Ausbildung und lernte, Menschen besser zu verstehen und sich in sie hineinzuversetzen. Anderen zu helfen, sie zu stärken und zu beraten, sieht Ingrid als ihre Lebensaufgabe. Und diese Dinge hat sie schon als Kind getan. Nur musste sie ein paar Umwege machen, um auch dies zu verstehen. Sie vertraut sich selbst wieder. Und dies könne jeder lernen, sagt Ingrid.

Veränderung tritt erst ein, wenn man etwas tut. Selbstwert lernen wir erst dann, wenn wir nicht mehr vor unangenehmen Gefühlen wie Mutlosigkeit oder Sorgen davonlaufen, sondern sie uns anschauen. Wenn wir diese Gefühle nicht als etwas Negatives auffassen, sondern als Möglichkeiten, uns selbst besser zu verstehen. Wenn wir uns immer wieder fragen, welche ermutigenden oder motivierenden Worte ein guter, liebevoller Freund zu uns sagen würde, wenn er uns in einer schwierigen Situation beobachtete.

Keine Kopfentscheidungen mehr

„Mich selbst lieben beinhaltet, mich im Alltag anzunehmen, auch wenn ich einen Fehler mache oder kritisiert werde. Es bedeutet, meinem Bauchgefühl, meiner Intuition zu vertrauen", sagt Ingrid. Selbstliebe lasse sich erreichen, wenn man beginne, sein eigenes Leben in die Hand zu nehmen, und aufhöre, andere für seine Situation verantwortlich zu machen. Das Leben sei ein Geschenk. „Selbstliebe ist das Grundelement für ein glückliches Leben", sagt Ingrid. Auf dem Weg zu sich selbst sei es entscheidend, in Wahrheit zu leben und den Wunsch danach immer vor Augen zu haben.

Ingrids Wahrheit sieht im Moment so aus, dass sie in einer kleinen Wohnung in einem reetgedeckten Haus auf Sylt lebt und dort als Apothekerin arbeitet und als Heilpraktikerin Menschen berät. Dafür hat sie 20 Jahre Pfalz und vier Fünftel ihres Besitzes aufgegeben. „Ziele und Pläne macht mein Kopf ständig. Mein Gefühl hingegen cancelt das meiste davon wieder. Mein tiefster Wunsch ist, mich immer mehr führen zu lassen, ohne dass mein Verstand ständig dazwischen spricht. Im Endeffekt richte ich mich sowieso nur noch nach meinem Bauchgefühl. Mit ihm gleiche ich meine Kopfpläne ab und oft muss ich dann geduldig warten, bis sich das Stimmige ergibt", sagt Ingrid.

Sie ist froh über ihre ganz persönliche Entwicklung, ihren Weg. „Und ich kann mittlerweile bestätigen, was in vielen Büchern beschrieben ist: Der Frieden liegt in mir und der Himmel ist bereits auf Erden."

Übung

Eigene Wahrheit finden

Sich mit jeder Faser seines Herzens zu akzeptieren, ist eine Lebensaufgabe. Ingrid rät, zunächst den aktuellen Zustand stehen zu lassen. Als Erstes müsse die eigene Wahrheit gefunden werden. Zum Beispiel: Du rauchst und möchtest damit aufhören. Du hast schon öfter versucht, es aufzugeben, doch bist damit immer wieder gescheitert. Das Thema bringt dich auf die Palme, weil dir dein Versagen bewusst wird.

Nimm dir Zeit. Ohne deine Aufmerksamkeit geht es nicht. Es ändert sich nichts, wenn du etwas einfach nur loswerden willst.

Notiere alle Emotionen, die mit dem Thema direkt oder indirekt zu tun haben. Ein paar Tage lang. Schreibe auch über die Gefühle, die du beim Aufschreiben spürst.

Stelle dir nun vor, du sitzt auf einem Hügel und kannst von dort aus deine Rauchergeschichte mit Abstand betrachten. Einfach nur ansehen, es gibt noch nichts zu tun. Versuche, dir dies einfach nur vorzustellen, bis es klappt.

Lies dann die Zeilen, die du geschrieben hast, als ob du einen neuen Menschen kennenlernst, der genau dieses Problem hat. Schicke ihm Achtung. Schenke ihm deine Aufmerksamkeit, indem du erkennst, wie schwierig es für ihn ist.

Versuche nicht, es einfach zu machen. Für den Schreibenden, also dich, ist es gerade schwierig. Das ist die momentane Wahrheit. Und ja, es darf schwierig sein, auch wenn alle Welt dir erzählt, es sei doch ganz einfach. Für dich ist es das nicht. Stehe dazu und fühle, wie sich das anfühlt. Deine Wahrheit ist deine Wahrheit. Sie will beachtet werden.

Nein, das bedeutet nicht, dass du weiterrauchen wirst. Vertraue diesem Prozess. Gehe diesen Weg, den du noch nicht kennst und urteile erst später.

Als Nächstes frage dich, ob es in deinem Leben schon mal schwierige Situationen gegeben hat, die du gemeistert hast. Schreibe auf, wie du das damals gemacht hast. Wieso hat es damals geklappt? Hattest du mehr Durchhaltevermögen? War dein Wille größer?

Nun frage dich, ob du wirklich aufhören willst zu rauchen oder ob du es nur willst, weil jemand anders es als ungesund bezeichnet oder weil es deinem Partner oder deiner Partnerin nicht gefällt. Sei ehrlich. Stehe dazu. Es ist deine Wahrheit.

Um Dinge in deinem Leben verändern zu können, musst du dich als Allererstes akzeptieren – und den Ist-Zustand in dir. Du bist traurig? Okay. Du findest alles zum Kotzen? Okay. Du möchtest am liebsten abhauen? Okay.

In dem Moment, wo dein Zustand sein darf, wie er gerade ist, entspannst du dich. Du wirst frei, neu zu entscheiden.

Willst du den Zustand behalten? Willst du wirklich rauchen? Oder nicht? Du musst wirklich aufhören wollen. Dein Wille braucht eine gewisse Größe, um überhaupt ins Leben umgesetzt werden zu können.

Eine Anfangsenergie muss hergestellt werden. Das ist auch der Grund, warum Leute nach einem Herzinfarkt plötzlich aufhören zu rauchen, ohne die Zigarette auch nur einen Tag zu vermissen. Die Not war groß genug.

Wie groß ist deine Not? Wie groß ist dein Wille?

Ist er groß genug, dann wird es umso leichter. Ist er noch zu klein, lass ihn wachsen.

Beginne, Dinge auf deine Art zu meistern. Suche dir einen Ansporn, eine Belohnung und eine zu dir passende Methode. Mische die Methoden. Und immer, wenn es wieder schwierig wird, beginne am Anfang dieser Übung.

Quellen, weiterführende Links, Kontakt

Selbstliebe und Freiheit

Kontakt Holger Andreas Elsner: www.holgerandreaselsner.com

Selbstliebe und Vergebung

http://www.asanayoga.de/blog/was-ist-ayurveda/

https://www.sein.de/radikal-kur-fuenf-schritte-zur-inneren-heilung/

http://tipping-methode.de/

https://www.wingwave.com/

http://tipping-methode.de/wp-content/uploads/Arbeitsblatt_Selbstvergebung.pdf

http://tipping-methode.de/wp-content/uploads/Arbeitsblatt_Selbstakzeptanz.pdf

Kontakt Silvia Patricia Schäfer: www.vollkommen-in-balance.de

Selbstliebe und Gesundheit

http://robert-betz.com/mediathek/robert-betz-in-den-medien/artikel-von-robert-betz/gesundheit-ist-keine-gluecksache-und-krankheit-kein-schicksal/

http://www.pcrm.org/health/health-topics/milk-consumption-and-prostate-cancer

http://notmilk.com/kradjian.html

http://www.rp-online.de/leben/gesundheit/ernaehrung/wie-milch-krank-macht-aid-1.3041248

https://www.yogaeasy.de/artikel/Die-Effekte-von-Meditation-auf-Körper-und-

Psyche

https://www.yoga-vidya.de/meditation/meditieren-lernen/meditation-fuer-anfaenger/

http://www.radiohamburg.de/Fashion-Lifestyle/Lifestyle/2016/Januar/Dr.-Sommer-Studie-2016-Generation-Selfie-Erste-Diaet-mit-11-Jahren

http://www.echte-esser.de/Presse/Pressetexte/Diaeten-machen-die-meisten-Frauen-nicht-schlank.html

http://www.spiegel.de/spiegel/print/d-90931328.html

Selbstliebe und Bedürfnisse

Kontakt Mischa Miltenberger: www.adios-angst.de

Selbstliebe und Beziehungen

https://de.wikipedia.org/wiki/Gesetz_der_Anziehung

http://integrales-coaching.de/sites/geistundmaterie.html

http://www.horizonworld.de/ueber-gedanken-die-die-welt-nicht-nur-veraendern-sondern-erschaffen/

http://www.partnerschaft-beziehung.de/eifersucht-partnerschaft.html

https://www.psychotipps.com/selbstaufopferung.html

http://www.sueddeutsche.de/news/gesundheit/gesundheit-lachen-durch-botenstoffe-zum-gluecksgefuehl-dpa.urn-newsml-dpa-com-20090101-140502-99-06156

Kontakt Viktoria Zeis: zeisv@yahoo.de

Selbstliebe und Authentizität

Kontakt Ulrike Hirsch: www.ulrike-hirsch.de

Selbstliebe und Dankbarkeit

Kontakt Sandra Seidl: www.ausstrahlungsbringer.de

Selbstliebe und Lernen

http://www.karriere.de/studium/lernen-macht-gluecklich-165325/

https://www.humboldt-foundation.de/web/kosmos-titelthema-97-3.html

Kontakt Michael Krakow: www.mikrakom.de

Selbstliebe und Sexualität

http://www.bewusster-leben.de/sexual-healing-selbstliebe-zur-sinnlichkeit/

http://www.wissen.de/das-koerpergefuehl-steigern

http://www.wunderweib.de/warum-du-nie-unterwaesche-schlafen-solltest-14635.html

http://de.askmen.com/dating/1096463/article/warum-alle-paare-nackt-schlafen-sollten

http://seelenrave.de/so-wird-dein-sex-zum-akt-der-selbstliebe/

http://www.riseandshine.berlin

Kontakt Jennifer Wolff: www.sheflows.de

Selbstliebe und Bestimmung

Kontakt Raho Bornhorst: www.rahobornhorst.com

Selbstliebe und Gleichgewicht

http://www.evidero.de/innere-mitte-finden

Kontakt Regine Vollbehr: www.weg-zur-inneren-mitte.de

Selbstliebe und Hilfsbereitschaft

Kontakt Manuel Fritsch: www.movemeta.de

Selbstliebe und Beharrlichkeit

https://open-mind-akademie.de/merkmale-scanner-persoenlichkeit/

Kontakt Sandra Reekers: www.einfachdranbleiben.de

Selbstliebe und Wahrheit

Kontakt Ingrid Bartels: www.sanftheilen.com

Fotonachweise

Foto Holger Andres Elsner: Gaby Höss

Foto Ulrike Hirsch: David Rieger

Foto Viktoria Zeis: Stephan Reinhold

Foto Sandra Seidl: Dirk Hampel

Foto Michael Krakow: Hennes Gräwe

Foto Sandra Reekers: Christina Förster

Foto Raho Bornhorst: Treudis Naß

Über die Autorin

Katharina Pavlustyk wurde 1984 in Russland geboren. Die Liebe zur deutschen Sprache entdeckte sie mit neun Jahren, nachdem sie mit ihrer Familie nach Deutschland gezogen war. Während ihres Germanistik-Studiums schrieb sie als freie Mitarbeiterin für eine Tageszeitung und war nach ihrem Volontariat als Redakteurin tätig. Sie sammelte Erfahrung in der PR-Branche und arbeitet als freie Journalistin und Lektorin.

2016 erschien ihr erstes Buch „Liebe deine Arbeit – 18 Experten zeigen Wege zur Berufung".

Katharina Pavlustyk

Liebe deine Arbeit

18 Experten zeigen Wege zur Berufung